ELIAS VORPAHL

DER WORT SCHATZ

www.der-wortschatz.de

1. Auflage Dezember 2018
© 2018 Elias Vorpahl, München
Illustrationen: Julia Marie Stolba, München
Umschlaggestaltung: Lena Stadler, Berlin
Titelillustration: Julia Marie Stolba, München
Layout und Satz: Lena Stadler, Berlin
Gesetzt aus der Sabon
Druck und Einband: GGP Media GmbH, Pößneck
Printed in Germany
ISBN 978-3-00-060931-2

Denn danach suchen wir
doch letzten Endes nur,
die Poesie ins Leben zu verweben,
im Leben selbst die Poesie zu finden.

– aus einem Brief von Michael Ende
an seinen Freund Peter Boccarius vom 24.06.1949

FÜR DIANA

PROLOG

Der alte Mann griff nach seiner Feder. Er ahnte nun, wie die Geschichte beginnen musste. Wie verzweifelt er gewesen war, da er doch um die Flüchtigkeit seiner Entdeckung wusste. So viele Details schwebten in seinem Kopf herum, die er nicht hatte zusammenbringen können. Etwas Entscheidendes hatte gefehlt. Heute gelang es ihm. Noch einmal ging er in der kleinen Hütte auf und ab, betrachtete die Zettel, auf denen allerlei Notizen standen. Dieses Mal fügte er nicht wieder nur weitere hinzu. Stattdessen setzte er sich an den Schreibtisch, tauchte die Feder in Tinte ein und schrieb: »Der alte Mann griff nach seiner Feder…«

KAPITEL
EINS

Sprachlosigkeit

Das Wort erwachte. Sein kleiner Buchstabe fühlte sich ganz taub an. Es zog die Decke zur Seite und streckte sich ein paar Mal, bis die Müdigkeit aus seinen beiden Silben wich. Langsam stand es auf, zog sich an und ging dann gähnend in die Küche, wo seine Eltern den Tisch für das Frühstück gedeckt hatten.

Sein Vater ließ die Zeitung sinken. »Während du den Tag verschläfst, ist die Welt wieder ein ganzes Stück verrückter geworden.«

Das Wort ging um den Tisch herum, gab seiner Mutter einen Kuss und griff nach Aufstrich und Unterstrich. »Wieso? Was ist passiert?«

»Der Verteidigungsetat wurde erhöht. Wenn das so weitergeht, kreisen bald sämtliche Forschungsarbeiten bei uns am Institut nur noch um die Frage, wie sich die Wortheit gegen die Menschen schützen kann. Das ist absurd.«

»Gibt es denn mittlerweile schon Mittel?«, fragte das Wort seinen Vater und biss ein großes Stück vom Brot ab.

»Zur Verteidigung?« Sein Vater musterte es von links nach rechts. Die Wörtchen seines Kindes hatten einen wunden Punkt getroffen. »Verteidigung ist nicht nötig. Die Worte sollten sich lieber darüber Gedanken machen, wie sie mehr Menschen zum Lesen und Schreiben bringen. Da liegt die eigentliche Gefahr. Das Schreiben bringt uns in unsere reinste Form, in absolute Klarheit. Beim Sprechen gehen wir in Bedeutungslosigkeit verloren.«

»Papaaa!« Das Wort verdrehte die Augen.

»Wir sollten das Thema wechseln«, mischte sich seine Mutter ein. »Habt ihr beide gesehen, wer dieses Jahr die Wortspiele moderieren wird?«

»Nein. Lass mich das noch sagen, es ist wichtig. Wenn die

Menschen uns nicht mehr lesen, geraten wir in Vergessenheit. Worte würden verschwinden. Unsere Welt würde es nicht mehr geben.«

»Papa! Niemand glaubt, dass Worte Menschen brauchen. Du bist der Einzige, der das sagt. Nenn mir nur ein Wort, das einfach so verschwunden ist. Stattdessen ist die Zeitung voll mit Berichten von ausgesprochenen Worten, die Wortbrüche erlitten, verletzt und verformt wurden. Wer soll dir glauben?«

»Wortgewandt wird dieses Jahr wieder moderieren«, versuchte es seine Mutter erneut.

»Es geht nicht darum, was man glaubt. Das sind Forschungsergebnisse. Wir dürfen die Menschen nicht nur verteufeln. Wir brauchen sie, sie lesen und schreiben uns. Sie lassen uns existieren. Ohne sie wird unsere Welt verschwinden. Viel schneller, als wir glauben.«

»Ich kann das nicht mehr hören! Es geht immer nur um *deine* Forschung. Hast du irgendwann mal an uns gedacht? Unser ganzes Haus hast du als großes Buch bauen lassen. Nur um es der restlichen Welt so richtig zu zeigen. Weißt du eigentlich, wie lächerlich das ist? Wie lächerlich das alle meine Freunde finden?« Das Wort sprang vom Frühstückstisch auf.

»Ich dachte, das Haus hätte dir immer gefallen! Und setz dich auf deine fünf Buchstaben. Wir diskutieren das aus.«

»Nein!«, gab das Wort zurück, ließ seine Eltern am Frühstückstisch sitzen und verschwand nach draußen.

Warum musste sein Vater immer so stur sein, wenn es um die Forschung ging? Es ging ihm überhaupt nicht um das Haus. Es war ein tolles Haus. Ihm war völlig egal, was die anderen sagten. Aber musste er immer so auf seiner Meinung beharren?

Das Wort folgte dem breiten Weg, der zum Haus seines Freundes *Zeig* führte. Andere Worte wären womöglich von der schieren Größe des Anwesens eingeschüchtert gewesen. Da das Wort Zeig aber schon von klein auf kannte, schritt es zielstrebig durch das weit geöffnete Tor. Auf dem Vorplatz hatte man schon bemerkt, dass Zeig einen Gast empfangen werde, und so waren die Bediensteten bereits mit den Vorbereitungen beschäftigt. In langen Reihen standen sie vor der Flügeltür zum großen Saal Spalier. Das Wort grüßte die Bediensteten, die es vom Gesicht her kannte. Obwohl es jetzt schon so lange mit Zeig befreundet war, kannte es immer noch nicht alle Angestellten beim Namen. Dafür waren es schlichtweg zu viele Worte, die hier arbeiteten. Das Wort trat in den großen Saal, den Zeig am liebsten hatte, weil er am meisten Platz bot. Die Bediensteten folgten ihm in einer langen Reihe und bildeten einen Kreis im Saal, in dem die Worte hintereinanderstanden. Die Worte, die von Zeig in der Regel häufig gebraucht wurden, standen ganz vorne. In der Mitte des Saals befand sich das Podium mit dem drehbaren Ledersessel. Zeig saß im Sessel und bereitete sich auf die Unterhaltung vor, indem er seine Finger dehnte.

Als das Wort das Podium erreichte, deutete Zeig auf ein Wort, das in der ersten Reihe des Kreises aus Bediensteten stand. Das Wort rief seinen Namen:

»Ich!«

Dann deutete er auf ein weiteres Wort. Auch dieses rief seinen Namen:

»Habe!«

Zeig drehte den Sessel und zeigte auf ein Wort, das im

Kreis direkt hinter ihm gestanden hatte. Es rief:

»Gehofft!«

Und so deutete er nach und nach auf acht seiner Bediensteten, die alle ihren Namen ausriefen. Was das Wort am Ende hörte, war:

»Ich habe gehofft, dass du mal wieder vorbeikommst.«

»Ich freue mich, dich zu sehen«, sagte das Wort.

Zeig ließ seinen Sessel im Kreis drehen. Seine Bediensteten traten jetzt in einer bestimmten Reihenfolge aus dem Kreis einen Schritt nach vorne. Zuerst das Wort *Ich*, dann das Wort *Freue*, zum Schluss das Wort *Sehen*. Zeig beobachtete die vortretenden Worte. Er kannte die Namen all seiner Bediensteten und nickte. Sein tauber Freund hatte verstanden. Das Wort trat zu ihm aufs Podium und umarmte ihn.

Das Wort begann zu erzählen, was zu Hause vorgefallen war. Zeig war ein guter Zuhörer. Er drehte sich auf seinem Sessel, registrierte jedes vortretende Wort und hörte aufmerksam zu. Als das Wort zu Ende erzählt hatte, deutete Zeig auf seine Bediensteten:

»Es ist immer das Gleiche bei deinem Vater.«

Die Worte riefen ihre Namen.

»Es ist so ein Widerspruch. Die ganze Welt hütet sich vor

den Menschen, und dein Vater besteht darauf, dass wir ohne Menschen nicht auskommen. Wie passt das zusammen?«

»Ich weiß. Und selbst wenn es stimmen sollte, und wir die Menschen brauchen, frage ich mich, wie man sie überhaupt für sich gewinnen kann. Und wie kann man sich vor ihnen schützen?«

Das Wort *Schützen* stand weit hinten im Saal, weshalb es ein wenig dauerte, bis es vorgetreten kam.

Zeig zeigte:

»Wie man sie für sich gewinnen kann, weiß ich nicht.«

Das *Ich* war außer Atem vom vielen Rufen und Vortreten.

»Ich kann dir aber sagen, dass es ein paar Möglichkeiten gibt, sich die Menschen vom Leib zu halten.«

»Welche?«, fragte das Wort.

Sein Vater hatte schon häufig von der Gefahr gesprochen, ausgesprochen zu werden, und von der Wichtigkeit, von einem Menschen gelesen zu werden. Ging es aber um die konkrete Praxis, sagte er nie etwas. Er war Forscher, der sich sein ganzes Leben lang bloß der Theorie widmete.

Zeig schaute seinen Freund für einen Augenblick an, um sich dann wieder hin und her zu drehen und seine Worte zu dirigieren.

»Als ich noch klein war, wollte ich für eine lange Zeit jemand anderes sein. Diesen Saal gab es damals noch nicht. Ich hatte auch keine Bediensteten. Ich war ein junges Wort, das weder sprechen noch hören konnte.«

Das Wort kannte die Geschichte bereits. Zeig war Teil einer sehr wohlhabenden Familie, die ihren Wohlstand aber nicht zeigte. Das große Anwesen baute die Familie allein für das taube Kind. Es sollte genug Platz für die Bediensteten geben. Von klein auf genoss Zeig eine ganz besondere Wortbildung, die es ihm ermöglichte, seiner Bestimmung nachzugehen: Zeig zeigte und ließ zeigen. Vielen Worten war es lästig, sich auf diese komplizierte Art und Weise zu unterhalten. Deshalb hatte Zeig nicht viele Freunde. Dem Wort machte das nichts aus. Es hatte schon immer Rätsel und Puzzle geliebt, und als es Zeig kennenlernte, fühlten sich die ersten Gespräche mit ihm ein bisschen danach an.

»Worauf willst du hinaus?«, fragte das Wort.

»Ich wollte wie die anderen Worte sein. Ich probierte alle möglichen Kombinationen. Und eines Tages gelang es mir.«

»Was gelang dir?«

»Ich habe mich umgestellt.«

»Umgestellt?«, fragte das Wort.

»Wenn du dich vor den Menschen schützen möchtest, musst du selten werden, ein Wort, das nicht häufig gebraucht wird. Ein Fremdwort vielleicht. Werde s p e r r i g, werde zu einem Begriff, den Menschen nicht benutzen, weil er schlecht ankommt. Sei hässlich, werde zu einem abstoßenden Wort.«

Zeig hatte sich in seinen Vortrag hineingesteigert. Er zeigte in alle Richtungen des Raumes. Immer mehr Worte aus zweiter und dritter Reihe riefen ihre Namen. Und als das nicht mehr reichte, wurden weitere Bedienstete in den Saal gerufen. Es war heiß und voll. Nur weil er auf dem Podium stand, konnte Zeig noch zeigen.

»Genauso wenn du kompliziert wirst, benutzen dich die Menschen nur selten. Versuche kompliziert zu sein, unaussprechbar, ein Zungenbrecher. Dann werden dich die Menschen fürchten und nicht du die Menschen. Verändere dich, stell dich um, werde zu etwas anderem!«

Das Wort blickte seinen Freund verständnislos an.

»Aber wie geht das, Zeig? Wie kann ich mich umstellen?«

In diesem Moment geschah etwas, das niemand erwartet hätte; nicht das Wort, nicht Zeig und noch viel weniger die Hunderten von Bediensteten, die sich jetzt im Saal dicht an dicht drängten. Es war Zeig, der mit angststarrenden Augen nicht mehr auf Worte zeigte, sondern auf die weit geöffnete Flügeltür am Eingang des Saals. Zwei Geschöpfe standen dort, schlank und aufrecht. Keines der anwesenden Worte war ihnen zuvor schon einmal begegnet, doch jedes einzelne Wort im Saal kannte die Geschichten und wusste deshalb ganz genau, was da in den Türen stand – es waren Stimmbänder. Sie rührten sich nicht. Zeig wollte etwas sagen, doch es gab kein Wort mehr, das ihm hätte zu Diensten sein können. Der ganze Saal blickte auf die Stimmbänder, die kerzengerade im Eingangsbereich standen.

Dann brach Panik aus. Weil die Worte dicht beieinanderstanden, fingen sie an, sich gegenseitig zu schubsen. Worte, die nah am Ausgang standen, drängten zurück, da sie nicht in die Nähe der Stimmbänder kommen wollten. Worte schrien. Einzelne Worte lagen am Boden.

In diesem Chaos fingen die beiden Stimmbänder an, sich zu dehnen. Sie zogen sich zusammen, streckten sich wieder, zogen sich zusammen und streckten sich wieder. Dann kam der Sog. Worte wurden von den Beinen gerissen und schlitterten am Boden auf die Öffnung zu, die sich nun zwischen den Bändern auftat.

Das erste Wort, Zeig erkannte *Es*, geriet zwischen die Bänder. Das kurze Wort konnte sich nicht lange gegen den Sog zur Wehr setzen. Immer mehr Worte verschwanden, ganze Wortgruppen stürzten in den Schlund zwischen den Stimmbändern.

Der Sessel kippte vom Podium, und Zeig schlug neben

dem Wort auf dem Boden auf. Der Sog zog sie beide auf die Bänder zu. Das Wort versuchte sich festzuhalten, doch es gab nichts, was ihm Halt bot. Zeig klammerte sich mit einer Hand am Podium fest. Die andere ergriff die Hand seines Freundes. Für einen Moment konnten sie sich dem Sog widersetzen.

Es waren kaum noch Worte im Saal. Zeig blickte seinem Freund in die Augen. Tränen liefen ihm über das Gesicht. Es gab für die beiden keine Möglichkeit mehr, miteinander zu sprechen, und doch verstanden sie sich. Auch dem Wort standen die Tränen in den Augen. Dann ließen Zeigs Kräfte nach. Er ließ das Wort los und lieferte es damit dem Sog aus. Er sah noch, wie sein Freund von den Stimmbändern verschluckt wurde. Dann ließ Zeig selbst den Sessel los und rutschte den Bändern entgegen.

Der Sog hörte auf, die Bänder waren verschwunden. Es war still. Ganz allein lag Zeig in sich zusammengekauert in einer winzigen Hütte. Die Hütte lag wiederum ganz allein in sich zusammengekauert in einem dichten Wald. Das Hütteninnere war nur von einer einzigen Kerze erleuchtet. Zeig war schon eine Ewigkeit nicht mehr hier gewesen. Eigentlich war er es noch nie. Denn es war gar nicht mehr Zeig, der da am Boden lag. Zeig hatte keine Zeit mehr gehabt, dem Wort zu erklären, wie man sich vor den Menschen schützen konnte, wie man sich umstellte. Sein Freund war verschwunden, ausgesprochen von einem Menschen. Er selbst hatte sich gerettet. In dem Moment, als er auf die Bänder zuschlitterte, hatte er sich umgestellt. Aus Zeig war *Geiz* geworden. Der Sog versiegte, und die Bänder verschwanden. Sie hatten nicht das geringste Interesse an ihm. Nicht viele Menschen würden Geiz offen zugeben, ihn vor anderen aussprechen. So blieb Geiz verschont, unausgesprochen, verheimlicht. In seiner Kindheit hatte er in dieser Hütte viel Zeit verbracht. Als Geiz konnte er sprechen und hören wie andere Worte auch. Er fühlte sich dann nicht mehr als Aussätziger. Doch gleichzeitig hatte er nicht mehr das Gefühl, wirklich er selbst zu sein. Nach und nach reifte in ihm eine Erkenntnis: Nur weil er nicht so sprechen konnte wie andere Worte, hieß das nicht, dass er auch ein anderer sein wollte. Über all dies dachte er nach, als er dort auf dem kalten Boden lag und seinen Tränen freien Lauf ließ. Und er dachte daran, was er alles verloren hatte: Seine Bediensteten, seine Möglichkeit, sich als Zeig mit anderen Worten auszutauschen, aber was das Schlimmste war, er hatte seinen besten Freund verloren und hatte ihn nicht schützen können.

KAPITEL
ZWEI

Anfang & Ende

Warmer Wind blies dem Wort ins Gesicht. Dann drehte der Wind, kam aus der entgegengesetzten Richtung und wurde kalt. Alle paar Sekunden wechselte das. Warm. Kalt. Warm. Kalt.

Ein fauliger Geruch lag in der Dunkelheit. Das Wort spürte, wie straffe Bänder in seine Silben schnitten. Es konnte keinen Boden unter sich fühlen und schien in der Luft zu hängen. Warm. Kalt. Warm. Kalt. Ganz deutlich hörte es die Stimmen anderer Worte. Wo immer es sich hier befand, das Wort war nicht allein.

»Raus! Raus! Lasst mich raus!«, hörte es.

Dann aus einer anderen Richtung:

»Was passiert da oben?«

»Bleib ruhig!«, rief ein Wort.

»Ruhig? Ruhig?!«, fragte ein anderes.

Das Wort versuchte sich zu bewegen, doch die Bänder schlossen sich augenblicklich fester um seine Silben.

»Ahhh!«, entfuhr es ihm.

»Wehr dich nicht. Wir können nichts tun«, sagte ein Wort, das sich direkt neben ihm befinden musste.

Das Wort hielt still, und die Bänder lockerten sich etwas.

»Jetzt gleich siehst du es selbst.«

Dann fiel Licht ein. Reflexartig kniff das Wort die Augen zusammen, öffnete sie aber gleich wieder, um zu sehen, wo es sich befand. Das Wort blickte einen Schacht hinauf, der durchsetzt war von verknoteten Bändern, in denen Worte hingen. Vereinzelt erkannte es die Gesichter von Zeigs Bediensteten. *Kann* war nur ein kleines Stück entfernt, und auch der dicke *Sperrig* hing nicht weit von ihm. Das Wort selbst war von zwei langen Bändern umschlossen. Sie fühlten sich feucht an auf seiner Haut.

»Die Bänder werden uns nach oben befördern«, sagte das Wort, das direkt neben ihm hing. Auch es hatte für Zeig gearbeitet. Da war das Wort sich sicher. Wie war noch sein Name?

»Ah ... Ahm ... Ahnung!«, fiel es ihm wieder ein.

»Gutes Gedächtnis«, sagte *Ahnung* und ergänzte dann: »Hör zu. Du wirst nicht viel Zeit haben. Sobald du nach oben geschleudert wirst, hol so tief Luft, wie du kannst. Vergiss nicht: Du kannst dich nicht wehren.« Das Licht verschwand wieder, und der Schacht verdunkelte sich erneut. »Und hör bloß nicht auf die Schreie. Du musst die Schreie ausblenden.«

»Was passiert da oben mit mir?«, fragte das Wort, als sich die beiden Bänder plötzlich wieder fester um seine Silben schlossen.

»Ein Mensch wird dich aussprechen!«, hörte es Ahnungs Stimme.

Dann schlugen die Bänder aus, die sich um das Wort geschlungen hatten. Einen Augenblick lang rauschte es durch den Schacht nach oben. Es zwang sich dazu, tief einzuatmen. Der Aufprall auf die Oberfläche des Sees war so hart, dass ihm sämtliche Luft augenblicklich wieder aus der Lunge gepresst wurde. Das Wort prustete und schlug mit den Armen, um sich in der dicken Flüssigkeit oben zu halten. Doch das brachte nichts. Die Flüssigkeit machte seine Buchstaben schwer und taub. Das Wort sank wie ein Stein und kämpfte dabei um jedes bisschen Sauerstoff, den es noch in seiner Lunge gab. Als das Wort unten ankam, begann der Untergrund sich zu bewegen und schob die Flüssigkeit beiseite.

Das Wort schnappte nach Luft. Völlig erschöpft lag es auf dem rauen, pelzigen Boden, der leicht vibrierte. Vorsichtig öffnet es die von der Flüssigkeit verklebten Augen. Das Wort blinzelte ein paar Mal, bis sein Blick klarer wurde. Ein kalter Wind blies ihm von der Öffnung vor ihm entgegen. Eine Handvoll Worte lag zwischen ihm und dem Abgrund. Fast hatte es das Wort, das unmittelbar am Abgrund lag, nicht erkannt. *Es* war übersät von Kratzern und Beulen, der Mund war verklebt, die Augen lagen tief in ihren Höhlen. Das kurze Wort hatte die Augen geschlossen und atmete flach.

Dann ging alles ganz schnell. Der raue Untergrund schob die Worte noch näher an den Abgrund heran, zog sich dann abrupt zurück, um Es darauf einen schnalzenden Schlag auf den Rücken zu geben.

»ESSSS!!!« Der Schrei breitete sich ohrenbetäubend im ganzen Raum aus. Er wurde von den Wänden zurückgeworfen und wurde dadurch noch lauter.

Das Wort Es hatte nicht mehr nur ein Wörtchen geschrien. Von dem Menschen dazu gezwungen, hatte Es sich selbst geschrien.

Es war verschwunden, und es dauerte nicht lange, bis nach ihm noch zwei weitere Worte ihre Namen schrien. Das Wort versuchte, nicht auf die Schreie zu achten, aber es gelang ihm nicht. Die Angst kroch ihm in die Silben. So sprechen die Menschen also. Sie quälen Worte. Menschen sind Monster. Vater hatte Unrecht, dachte das Wort. Es war das Nächste in der Reihe, das ganz vorne vor der Öffnung lag. In diesem Moment versprach es sich, niemals auf das Lesen und Schreiben eines Menschen angewiesen zu sein. Dann traf der Schlag seinen Rücken, und es stieß unter Schmerzen den Namen aus, den es von der Entstehung an in sich getragen hatte. Dem Wort wurde schwarz vor Augen. Die Welt verlief in dunkelster Tinte.

Als das Wort wieder erwachte, war die Welt noch immer in Tinte versunken. Sie war aber nicht mehr so dunkel wie in der Ohnmacht zuvor. Jetzt gab es in der Dunkelheit ein gelbrotes Flackern. Ein Knistern und Knacken. Der Untergrund, auf dem es lag, war weich. Das Wort wollte sich in Richtung der Geräusche drehen, war jedoch zu schwach dazu. Sein ganzer Körper schmerzte.

»Nein, bleib liegen.« Das Gesicht eines alten Wortes beugte sich über das Wort. Es war eine Frau. »Ruhen und nichts tun«, flüsterte sie.

»Versorg es, aber übertreib es nicht.« Das Wort hörte eine Männerstimme, doch hatte die Augen bereits wieder geschlossen.

»Ja, ja, kalte Umschläge für die Buchstaben, Mullbindenstriche für die Wunden und heiße Pflastersteine für den Schlaf. Habe alles da …«

Dann schlief das Wort ein.

Als es am nächsten Morgen erwachte, saß ein alter Mann auf einem Stuhl dem Wort gegenüber. Mit Zeigefinger und Daumen fuhr er sich durch den grauen Kinnbart. Er blickte ins Leere und schien in Gedanken versunken.

»Guten Morgen«, sagte das Wort mit noch etwas belegter Stimme.

Die Augen des Mannes wurden klar, als er so aus seinen Gedanken gerissen wurde. »Guten Morgen!«, sagte er. »Wie geht es dir?«

»Besser«, antwortete es. »Ich fühle mich schwach. Aber besser.«

Das Wort lag auf einem Bett aus Stroh. Durch ein schmales Fenster fiel Licht in den kleinen Raum. Die Regale an den Wänden waren vollgepackt mit Utensilien. Das Wort sah kleine Spitzhacken, Hyperbeln, Hammer unterschiedlichster Größen, Jamben und Drahtbürsten. An einem Nagel hing ein Zirkel, an einem anderen ein langes Versmaß. Das Feuer war zu Asche heruntergebrannt.

»Meine Frau hat sich die ganze Nacht um dich gekümmert.«

»Was ist passiert?«, fragte das Wort.

»Du kannst dich an nichts erinnern, oder?«, stellte er fest und drehte sich dann um. »Dichterin!«, rief er. Dann noch einmal: »Mein Gedicht!«

Die Tür ging auf, und die Frau vom Vorabend trat mit einem großen Tablett in den Händen ein. »Ich habe euch schon flüstern gehört. Ist unser Gast endlich wach?« Sie schob sich an ihrem Mann vorbei und stellte das Tablett neben dem Wort auf dem Bett ab. »Zwieback, Silbensalbe und Wortbruch-Tee. Damit habe ich noch jedes Wort wieder gesund gekriegt. Wie geht es dir heute, Schätzchen?«

»Schon viel besser. Ich danke euch.«

»Es weiß nichts mehr«, unterbrach ihr Mann.

Die Dichterin goss ein und gab dem Wort eine große Tasse in die Hand. »Überhaupt nichts, was?« Dann machte sie sich daran, seine Silben zu salben.

»Nein«, antwortete das Wort. Es hielt kurz inne und sagte dann: »Ich weiß nicht, wie ich heiße.«

»Hör zu«, sprach der Mann. »Du bist von einem Menschen ausgesprochen worden.«

Das Wort schluckte. »Einem Menschen?«

»Ja. Wir haben gestern die Schreie gehört. Ich weiß nicht, wo die anderen Worte gelandet sind. Wir haben nur dich gefunden.«

Seine Frau drehte am Verschluss der Tube. »Es kann nur ein Mensch gewesen sein«, sagte sie. »So laute Schreie hatten wir schon lange nicht mehr.«

Am nächsten Morgen fühlte sich das Wort stark genug, um sich vom Bett zu erheben. Hier und da schmerzte es zwar noch, aber es ging besser. Die alte Dichterin und ihr Mann waren nirgends zu sehen. Das Wort verließ den Raum, der den beiden halb als Werkzeugkammer, halb als Schlafgemach dienen musste. Im Nachbarraum war die Küche, in der zwei Klappbetten eingeklappt standen. Hatten sie ihm ihre Schlafstätte überlassen? Das Wort hörte ein dumpfes Klopfen. Dann Wörtchenfetzen:

> *»Die Zeit klopft auch an uns herum,*
> *die Augenblicke schwinden stumm.*
> *Ich kehr sie auf und halt sie fest,*
> *trag jeden Splitter bis zuletzt.«*

Langsam öffnete das Wort die Tür und trat ins Freie. Das Klopfen wurde lauter. Der Garten stand voller Skulpturen, die etwa so groß waren wie das Wort selbst. Es folgte dem Klopfen und schritt durch die Reihen von Statuen. Es waren Zweierpaare, die jeweils aus einem festen Block bestanden, aus dem zwei Statuen hervorgingen. Auf einem Messingschild am Fuß des Blockes waren Wörtchen eingraviert. Das Wort las *Feuer & Flamme*. Das Statuenpaar zeigte genau dies: die eine Statue loderndes Feuer, die andere eine ruhige Flamme wie bei einer Kerze. Eine andere Skulptur bestand zum einen aus einem hauchdünn geschmirgelten Stein, auf dem ganz fein Schriftzüge angedeutet waren, zum anderen aus einer Figur, die einen sich oval nach oben verjüngenden Stempel zeigte wie ein Läufer beim Schach. Darunter standen die Wörtchen *Brief & Siegel*. Wörtchenpaare, dachte das Wort und ging weiter durch den Garten, geformt von Kunst und Stein.

Das Klopfen war jetzt ganz nah. Das Wort hörte die Stimme der Dichterin:

> »*Bis dann am Ende nichts mehr bleibt,*
> *das Buch ist zugeklappt und schweigt.*
> *Ist nur gefühlt ganz dumpf und bleich,*
> *das Du, das Hier, das war mein Reich.*«

Sie mussten sich genau hinter den beiden großen Steinen befinden, vor denen das Wort jetzt stand. Die Skulptur zeigte ein junges Paar. Der Mann kniete und hielt offenbar um die Hand seiner Freundin an. Das Wort las die Gravur:
Dichterin & Denker.
Die Dichterin saß auf einer Bank, schaute vom Blatt auf, das sie in Händen hielt, und betrachtete die Arbeit ihres Mannes. Der Denker stand mit Hammer und Meißel vor zwei Steinen. Als sie das Wort sah, bedeutete sie ihm, sich neben ihr zu setzen. Der erste Stein war schon bearbeitet. Die Statue zeigte einen Tisch, an dem drei Worte saßen. Eines von ihnen las Zeitung. Eine Familie beim Frühstück, dachte das Wort und empfand Wehmut, ohne zu wissen, warum. Der zweite Stein war noch unberührt. Der Denker hatte den Meißel aus der Hand gelegt und war gerade dabei, das Messingschild anzubringen. Das Wort las …

… nichts.

Das Schild war noch leer.

Er ließ den Hammer sinken. »Fertig«, sagte er, obwohl dies offensichtlich nicht der Fall war, ging zu seiner Frau und gab ihr einen Kuss. »Ein schönes Gedicht. Wie heißt es?«

Die Dichterin überlegte kurz und sagte dann: »Ich weiß es nicht. Ich glaube, es hat noch keinen Namen. Vielleicht habe ich ihn auch einfach nur vergessen wie unser Gast hier. Dinge müssen nicht unbedingt einen Namen tragen, um bedeutend zu sein.«

»Was ist das hier alles?«, fragte das Wort.

Der Denker setzte sich schwer neben seine Frau auf die Bank. »In all der Zeit, die wir jetzt schon hier leben, bist du nicht das erste Wort, das wir auf unserem Feld gefunden haben. Immer wieder kommt es vor, dass wir die Schreie hören. Ich selbst wurde auch ausgesprochen. Ich war damals noch ein junger Mann.«

»Hast du auch deine Erinnerung verloren?«, fragte das Wort.

»Nein. Ich hatte einige ernsthafte Wortbrüche, konnte mich aber noch an alles erinnern. Für mich war das Unglück der Anfang einer wunderbaren Geschichte.«

Die Dichterin legte ihre Hand auf den Oberschenkel des Denkers. »Ich war noch eine junge Frau und wohnte hier mit meinen Eltern. Als ich ihn fand, hatte er schlimme Verletzungen. Meine Mutter und ich pflegten ihn. Als es ihm langsam wieder besserging, erzählte er mir von all seinen Ideen, von der Kunst, der Wörtchenhauerei und der Philosophie. Seine Wangen glühten dabei.«

»Und ich liebte deine Gedichte, mein Gedicht«, sagte der Denker und lachte. Er sah jetzt zehn Jahre jünger aus. »Ein paar Wochen später entstand die erste Skulptur.«

»Er hielt so um meine Hand an«, sagte die Dichterin und deutete auf die Statue des knienden Mannes, vor der das Wort gerade noch gestanden hatte.

»Eine schöne Geschichte«, sagte das Wort, machte eine Pause und ergänzte dann: »Und die anderen Statuen?«

Der Denker antwortete: »Immer wenn wir ein Wort auf den Feldern fanden, entstand eine neue Skulptur. Zum Teil hat es Jahre gedauert, bis sie vollendet waren.«

»Warum immer Wörtchenpaare?«, fragte das Wort.

»*Brief & Siegel*, *sage & schreibe*, *Feuer & Flamme*, *ab & zu*«, sagte die Dichterin. »Jedes Wort sollte irgendwann in seinem Leben ein Gegenüber treffen, das es vervollkommnet und aus ihm etwas macht, das es vorher nicht für möglich gehalten hätte. *Brief & Siegel* wurden zum *Versprechen*. *Feuer & Flamme* zur *Liebe*. Wenn auch nicht jedem Wort das Glück vergönnt ist, einen solchen Partner zu finden, zumindest bei unseren Wörtchenpaaren ist es so.«

Das Wort blickte auf den Stein vor ihm, der in seinen Augen eine Familie am Frühstückstisch zeigte, und wieder durchschoss es ein Gefühl der Wehmut, das es nicht einsortieren konnte. Der zweite Stein war völlig unbearbeitet. Das Messingschild zeigte keine Inschrift. »Diese Skulptur hast du für mich gemacht«, sagte es. »Warum eine Familie?«

Der Denker stand auf und schritt zu seinem Werk. Mit einer Hand fuhr er über die raue Oberfläche des noch unbehauenen Steins. »Die Statuen formen sich ganz von allein. Im Grunde lege ich nur frei, was schon immer im Stein verborgen lag. Als Künstler spürt man, wann sich etwas richtig anfühlt. Das gilt für die Wörtchenhauerei, aber es gilt auch für die Poesie.«

Das Wort wusste nicht recht, ob es verstand. »Warum ist der eine Stein denn noch völlig unbehauen?«, fragte es.

Die Dichterin legte ihren Arm um das Wort. »Schätzchen, der Stein hat dem Denker nicht gesagt, was in ihm verborgen liegt. Der erste Stein symbolisiert den Anfang deiner Geschichte. Dort stehst du jetzt. Der zweite Stein symbolisiert das Ende. Das Ende ist bei dir aber noch völlig offen. Ihn zu bearbeiten hätte sich nicht richtig angefühlt.«

Dann sprach ihr Mann: »Jedes Wort ist, was es heißt. Ich heiße Denker, also bin ich. Du hast vergessen, wie du heißt, und vergessen, was du bist. So wie ich die Dichterin in meinem Leben gefunden habe, musst du das Ende deiner Geschichte finden. Womöglich wird es ein Ende sein, das du so vorher nicht für möglich gehalten hättest. Finde heraus, zu welcher Wortfamilie du gehörst. Denn ohne Familie und ohne Sinn in deinem Leben bist du nichts.«

Das Wort blieb noch einige Tage bei den beiden. Die Dichterin bestand darauf, es jeden Tag weiterhin mit Silbensalbe zu versorgen, obwohl die Schmerzen längst verschwunden waren. Was blieb, war der Verlust der Erinnerung. Am Abend saßen sie am Feuer. Der Denker geriet ins Philosophieren, seine Frau trug flüsternd Gedichte vor. Das Wort blieb meist stumm. Es blickte auf das Feuer und dachte an die Wörtchen des Denkers. *Denn ohne Familie und ohne Sinn in deinem Leben bist du nichts.* Dieser Gedanke kreiste in seinem Kopf und ließ es in dieser Nacht nicht schlafen.

Am nächsten Morgen verabschiedete sich das Wort von den beiden: »Ich verspreche euch, noch einmal zurückzukehren, um mir die vollendete Skulptur anzuschauen.« Doch es wusste nicht, ob es dieses Versprechen auch einhalten konnte. Die Dichterin bestand darauf, ihm ein großes Paket Proviant für die Reise mit auf den Weg zu geben. Kalter Eintopf und Zweitopf waren darin. Auch die Silbensalbe fehlte nicht. Dann machte sich das Wort auf den Weg. Dichterin und Denker winkten zum Abschied. Der Denker hatte Recht, es musste herausfinden, was es vergessen hatte, was sein Sinn war. Nur wo sollte es danach suchen ...?

Das Wort war in dieser Nacht nicht das einzige Wesen gewesen, das nicht geschlafen hatte. In einem ganz anderen Teil der Welt der Sprache hatten zwei Wesen Witterung aufgenommen, ihr neues Opfer zu jagen. Dieses Opfer war ein Wort ohne jegliche Bedeutung.

KAPITEL
DREI

Eine verrückte Teeparty

Zwei Tage war das Wort auf keine anderen Worte getroffen. Am Ufer eines Baches hatte es Rast gemacht. Dort gab es zumindest Wasser. Brennbares gab das karge Feld nicht her. So musste das Wort sich mit kaltem Ein- und Zweitopf begnügen, die jetzt fast aufgebraucht waren und die es – so gut sie am Anfang noch geschmeckt hatten – inzwischen auch nicht mehr sehen konnte. Das Wort war in Richtung des Waldes unterwegs gewesen, der sich am Horizont abgezeichnet hatte und sich jetzt vor dem Wort auftat.

Die orangeroten Buchenblätter knisterten und raschelten wie die vergilbten Seiten eines alten Buches, und es knackte bei jedem Schritt. Es roch erdig, nach frischem Holz und … nach Kräutertee. War das Einbildung? Um voranzukommen, schob das Wort die Zweige der Sträucher beiseite, die hier und da zwischen den Bäumen den Weg versperrten, und folgte dem Duft. An einer Lichtung blieb das Wort hinter einem Baum verborgen stehen. Es beobachtete aus der Entfernung:

Ein runder Tisch stand dort mit weißer Tischdecke und einem Teeservice aus Porzellan. Es war für drei Personen gedeckt. Drei kleine *h* waren um den Tisch gestellt worden. Auf einem von ihnen saß ein Esel mit struppigem grauen Fell. Fast hätte man meinen können, er schlafe, so still, wie er dasaß, doch seine Augen waren geöffnet, und ab und an schlug sein Schwanz nach einer Fliege. Aus einem großen silbernen Teekessel stieg weißer Dampf empor. Neben dem Kessel lag ein Tablett mit Plätzchen.

Der Esel sah nicht besonders gefährlich aus, und so ließ das Wort es auf einen Versuch ankommen. Es trat hinter dem Baum hervor und ging auf den Esel zu. Genau in dem Moment, als das Wort das Wörtchen ergreifen wollte, hörte es einen lauten Schrei. Ein Wort kam aus den Bäumen gesprungen und rollte sich Purzelbäume schlagend auf dem Boden ab, um genau vor dem Wort zum Liegen zu kommen. Hastig stand es auf und verbeugte sich. Der Fremde trug einen schwarzen Anzug, den er im Verbeugen auszog, woraufhin ein zweiter Anzug zum Vorschein kam, dieses Mal ein weißer. Den alten Anzug schleuderte er davon.

»Es ist mir eine Freude, Sie kennenzulernen. Darf ich mich Ihnen vorstellen?«

»Es ist auch mir eine Freude«, antwortete das Wort, das sich durch den eigentümlichen Auftritt des Fremden nicht beeindrucken ließ.

»Wir wollten gerade mit dem Spiel beginnen.«

»Wolltest du dich nicht vorstellen?«, fragte das Wort.

Der Esel saß am Tisch und blieb reglos.

»Ich korrigiere mich. Ich habe mir nur vorgestellt, mich

Ihnen vorzustellen. Ich möchte mich zunächst verstellen, wenn Ihnen das recht ist.«

Das Wort war verwirrt. Oder war es das andere Wort, welches verwirrt war? Es wusste keine Antwort, dachte sich aber, dass es vielleicht mit dem Hunger zusammenhing, dass es nicht so recht wusste, was eigentlich vor sich ging.

»Darf ich mir ein Plätzchen nehmen? Die sehen richtig lecker aus«, fragte das Wort deshalb und steckte sich bereits eins der Plätzchen in den Mund.

»Die Plätzchen sind für mich. Sie können sich einen Platz nehmen.«

»Emtscholdigung«, sagte das Wort mit vollem Mund.

»Es ist schon spät. Lassen Sie uns nun endlich spielen. Wir wollten, wie gesagt, gerade beginnen. Ich fange an, dann Sie und dann wieder ich. So weit alles klar?«

»Und was ist mit dem Esel? Wann kommt er denn an die Reihe?«

»Der Esel spielt nicht mit, der kann nicht einmal vernünftig sprechen, sagt immer nur *i* und *a*, schrecklich. Nur wir beide spielen, immer abwechselnd.«

Das Wort verstand nicht.

»Wie kann es denn sein, dass du gerade anfangen wolltest zu spielen, wenn du gar niemanden hattest, der mit dir hätte spielen können?«

Der Fremde schnappte sich den Teekessel, goss dem Wort und sich selbst ein, schlürfte laut an seiner Tasse und blickte es eindringlich an. Das eine Auge war dabei weiter aufgerissen als das andere.

»Ein ganz schlaues Kerlchen, was? Aber woher wissen Sie denn, dass ich nicht schon genau wusste, dass Sie herkommen würden, um mit uns zu spielen? Sie sind doch hier. Sie spielen doch mit uns. Ich fange an!«, schrie er jetzt, und das Wort hatte ein wenig Angst. Sein Gegenüber schien wirklich unberechenbar zu sein.

Er griff den Kessel erneut und drehte ihn einmal im Kreis. Dabei lief Tee über seinen weißen Anzug, was er aber ignorierte. Er blickte den Kessel an und war in Gedanken versunken. Dann schmiss er ihn plötzlich in die Luft und schrie:

»Ich hab's!«

Der Kessel landete mit einem Rums auf dem Tisch. Das Porzellanservice des Esels zerbrach. Der Esel kümmerte sich nicht darum. Er schlug weiter mit dem Schwanz nach Fliegen. Dem Wort tat es um das schöne Service leid, doch traute es sich nicht, etwas zu sagen. Der Fremde sprach euphorisch:

»Mein Teekesselchen gibt es mal links und mal rechts.«

Zum Glück kannte das Wort das Spiel. Der eine Spieler überlegt sich einen mehrdeutigen Begriff und bezeichnet ihn als Teekesselchen. Nach und nach beschreibt er ihn, sodass der andere Spieler den Begriff erraten kann. Hoffentlich regte sich der Fremde nicht wieder auf, denn bisher hatte das Wort keine Ahnung. Was gab es mal links und mal rechts? Jetzt kam die zweite Bedeutung dran. Der Fremde sagte:

»Mein Teekesselchen ist meist schwarzweiß.«

Er machte weiter:

»Auf meinem Teekesselchen liegt man, wenn man schläft.«

Das Wort dachte nach. Den Begriff gibt es mal links und mal rechts, und man schläft drauf. Wo schlief es denn drauf? Gestern schlief das Wort noch auf dem Feld. Gibt es ein Feld mal links und mal rechts? Nein, das konnte man nicht sagen. Es musste noch einen Hinweis hören.

»Auf meinem Teekesselchen leben wir.«

Das Wort hatte keine Ahnung.

Auf was lebten sie, was obendrein schwarzweiß war?

»Ich gebe auf. Ich weiß es nicht. Es tut mir leid.«

Der Fremde sprang wieder auf. Er machte einen Salto auf seinem h und zog sich dann den mit Tee besudelten Anzug aus. Zum Vorschein kam ein dritter Anzug, diesmal wieder ein schwarzer. Er schrie dem Wort ins Gesicht:

»Verdammt noch mal, wie kann es sein, dass Sie immer noch nicht wissen, wovon ich rede?!«

Das Wort versuchte ruhig zu bleiben.

»Ich weiß es nun mal nicht, aber bitte, sag du es mir. Was ist es?«

»Es ist die Seite! In der Nacht schläft man mal auf der linken, dann wieder auf der rechten Seite. Die Seite ist meist schwarzweiß und wir, die Worte, leben auf ihr.«

Das Wort bekam Kopfschmerzen.

»Aber wir leben doch auf keiner Seite.«

Der Fremde warf das kleine h, auf dem er saß, um und rollte, Purzelbäume schlagend, einmal um den Tisch. Sein Anzug hatte daraufhin überall grüne Grasflecken. Er setzte sich wieder und sagte:

»Natürlich tun wir das. Es sind die Menschen, die Menschen, die uns schreiben, die sich uns ausdenken. Es sind die Menschen. Sie schreiben uns auf weiße Blätter, auf Seiten, auf Buchenblätter. Sie schreiben uns, und wir leben. Wir leben auf ihren Seiten, in ihrer Fantasie. Es sind die Menschen! Sie schreiben uns. Auf Seiten, auf Buchenblätter.«

Der Fremde verzog das Gesicht, als er sprach, warf das h schon wieder um und sprang im Hopserlauf um den Tisch, während er sich seinen Anzug auszog und ein weiterer weißer Anzug zum Vorschein kam. Er stellte das h wieder auf, setzte sich und hatte sich augenscheinlich unter Kontrolle.

»Sie sind dran«, sagte er mit ruhiger Stimme.

Was erzählte dieses merkwürdige Wort bloß? Es wusste, dass Menschen Worte aussprachen. Ihm war es selbst geschehen. Aber dass Menschen Worte schrieben, das war Unsinn. Er musste verrückt sein. Es war wohl besser, mitzuspielen. Es wusste nicht, wie sein Gegenüber reagieren würde, bräche es das Spiel ab. Es dachte eine Weile über sein Teekesselchen nach. Als sein Blick auf das blaue Muster des Service fiel, hatte es einen Einfall.

»Mein Teekesselchen ist feucht.«

Wie ein Jongleur bewegte der Fremde seine offenen Handflächen auf und ab, als wollte er jedes einzelne Wörtchen des Wortes auffangen. Das Wort machte weiter:

»Mein Teekesselchen ist salzig.«

Der Fremde sprang auf und schrie:

»Salzig! Ihr Teekesselchen ist Salzig! Ich habe gewonnen!«

Er freute sich ungemein über seinen vermeintlichen Sieg. Das Teekesselchen des Wortes war natürlich nicht Salzig. Eigentlich hatte es See gemeint. Der See war feucht, und die See war salzig. Das verschwieg es aber dem Verrückten. Sollte er ruhig glauben, gewonnen zu haben. Dann war er zumindest glücklich und tat dem Wort nichts an. Er hüpfte vor Freude, nahm den Schwanz des Esels und zog kräftig daran, woraufhin der Esel aus seiner Trance erwachte und dem Fremden ins Gesicht schaute, der ihn anschrie:

»Ich habe gewonnen, ich habe gewonnen. Du dummer Esel, ich habe gewonnen.«

Er packte den Esel am Fell und schüttelte ihn kräftig.

»Ich habe gewonnen!«

Er setzte sich wieder und war ruhig. Der Esel machte es sich bequem, schaute langsam seinen Freund an und blickte auf das Wort, das eingeschüchtert ein weiteres Plätzchen aß. Dann fragte der Esel stockend:

»I, a, Esel. I, a, dran?«

Der Fremde sagte freundlich:

»Ja, du bist an der Reihe. Sag uns dein Teekesselchen.«

Von der plötzlichen Freundlichkeit dazu ermutigt, fragte das Wort:

»Hast du nicht gerade noch gesagt, dass der Esel nicht mit uns spielt, weil er immer nur i und a von sich gibt?«

Der Fremde sprang auf.

»Verdammt noch mal, müssen Sie sich denn dauernd einmischen? Er ist dran.«

Hätte ich besser nichts gesagt, dachte das Wort und nahm sich ein weiteres Plätzchen.

»Mein Teekesselchen ist hochinteressant«, sagte der Esel. »Sie müssen ganz genau aufpassen, um die beiden sich gleichenden Begriffe zu erraten, denn obwohl sie gleich scheinen, sind sie doch grundverschieden. Sind Sie bereit?«

Das Wort war von der Redegewandtheit des Esels beeindruckt.

»Wir sind bereit«, antworteten beide kleinlaut.

Der Esel sprach mit glasklarer Stimme:

»Mein Teekesselchen kommt von mir.«

Dann drehte er seinen Kopf langsam und blickte seinen Freund an.

»Mein Teekesselchen kommt von mir.«

Es waren zwei unterschiedliche Begriffe, die beide vom Esel kamen, was immer das auch heißen mochte. Der Esel drehte seinen Kopf erneut und sagte zum Wort:

»Mein Teekesselchen sollte seiner Entstehung nach eigentlich nicht von mir kommen.«

»Mein Teekesselchen überwindet Hindernisse.«

Das Wort überlegte. Waren es vielleicht seine Hinterbeine, die von ihm kamen und Hindernisse überwanden? Es musste noch mehr hören.

»Mein Teekesselchen ruft Erinnerungen wach.«

Der Esel ließ sich in seiner Monotonie nicht stoppen.

»Mein Teekesselchen führt in andere Gefilde.«

»Mein Teekesselchen ist ein Merkspruch.«

»Mein Teekesselchen verbindet.«

Der Fremde sprang auf und riss sich mit einem Zug seinen Anzug vom Leib.

»Ich hab's!«

Das Wort schaute ihn überrascht an. Der Esel schien nicht besonders beeindruckt.

»Nun, was ist es?«, fragte er.

Der Fremde kletterte auf den Tisch und stand nun auf der weißen Tischdecke inmitten des kaputten Service und zeigte triumphierend auf den Esel.

»Die Eselsbrücke. Ha!«

Der Esel zeigte sich noch immer unbeeindruckt.

»Sie haben Recht. Haben Sie auch eine Begründung?«

Der Fremde sprang vom Tisch herunter, warf sich auf den Boden und setzte sich dann wieder auf sein h.

»Nein, das kann ich nicht. Nein, das will ich nicht. Nein. Nein. Nein. Es ist die Brücke. Ich weiß es. Kein Beweis, nein!«

Als hätte der Esel dies schon erwartet, sagte er:

»Gut, dann werde ich den Beweis führen. Ich beweise Ihre Vermutung durch das Bestätigen der Bedingungen, die von mir im Vorfeld aufgestellt wurden.«

Drückt der Esel sich kompliziert aus, dachte das Wort, doch es hörte genau zu. Warum war die Lösung eine Brücke?

Es nahm sich noch ein Plätzchen.

»Um völlige Eindeutigkeit zu erreichen, spreche ich im Folgenden von Brücke Nr. 1 und Brücke Nr. 2. Wie ich Ihnen beiden bereits mitteilte, kommt mein Teekesselchen von mir. Brücke Nr. 1 geht auf mich, den Esel zurück. Esel weigern sich normalerweise beharrlich, auch kleinste Wasserläufe zu durchwaten. Daher baute man oft kleine Brücken, um mit uns Lasttieren doch das Ziel zu erreichen. Eine Eselsbrücke ist ein kleiner Umweg, der ans Ziel führt. Der Begriff Eselsbrücke hat also seinen Ursprung beim Esel selbst, sie kommt von mir.

Kommen wir nun zur Brücke Nr. 2. Brücke Nr. 2 kommt ebenfalls von mir. Ich habe sie gebaut, sie steht ein Stückchen weiter, gleich hinter dem Wald.

Weiterhin sollte Brücke Nr. 1 eigentlich nicht von mir kommen. Bei einer Eselsbrücke handelt es sich oft um einen leicht einprägsamen Satz, der sich manchmal sogar reimt. Man sollte eigentlich von einer Fuchsbrücke sprechen, da es sich um eine intelligente Merkhilfe und nicht um etwas Dummes, Störrisches handelt, mit dem man im Allgemeinen mich, das Wort Esel, verbindet. Dennoch kommt die Brücke nicht vom Fuchs, sondern von mir.

Brücke Nr. 2 überwindet Hindernisse. Das ist klar, denn Hindernisse liegen meist unter der Brücke, wie es auch bei meiner der Fall ist.

Brücke Nr. 1 ruft Erinnerungen wach. Das Gedächtnis ist assoziativ aufgebaut. Das Erlernen von Faktenwissen ohne inneren oder logischen Zusammenhang fällt deshalb oft schwer. Etwas, das man nicht verstanden hat, kann man sich nur schwer merken. Eine Eselsbrücke nutzt das assoziative Gedächtnis zur Erinnerung an die eigentlichen Fakten.

Brücke Nr. 2 führt in andere Gefilde. Meine Brücke führt in einen Teil unserer Welt, in dem ganz andere Dinge passieren als hier. Nur an den wenigsten Orten sitzen zwei Worte in einem Wald, trinken Tee, hören sich die Belehrungen eines Esels an und spielen Teekesselchen.

Brücke Nr. 1 ist ein Merkspruch. Wahrscheinlich wollen Sie nun einen guten Merkspruch hören. Sagen wir es so. Ich kann mir merken, dass Brücke Nr. 1 vor Brücke Nr. 2 kommt, da die Zahl 1 ziemlich dünn ist, wenn man sie mit der recht breiten Zahl 2 vergleicht. Dünne Zahlen kommen immer schnell nach vorn, weil sie sich durch die breite Masse hindurchquetschen können. Breite Zahlen können dies nicht und stehen somit hinter den dünnen Zahlen. Verstehen Sie?«

Den beiden Worten brummte schon der Kopf, doch der Esel wollte und wollte nicht aufhören. Das Wörtchen *Störrisch* wurde von ihm in allen Ehren gehalten.

»Zu guter Letzt, meine Herren, verbindet Brücke Nr. 2. Dies muss wohl den Ausschlag dafür gegeben haben, dass Sie das Rätsel lösen konnten. Ich gratuliere Ihnen und schließe hiermit den Beweis ab.«

Der Fremde sprang mit seinen Füßen auf das kleine h und drehte sich anerkennend applaudierend in alle Richtungen.

»Hervorragend. Absolut hervorragend. Ein wunderbarer Vortrag. Ich selbst hätte ihn nicht besser halten können. Sehr gute Haltungsnoten. Von der ersten Sekunde an bis zum Ende volle Entschlossenheit, kein Zeichen von Schwäche, bis zuletzt eindringlicher Blickkontakt. Bravo! Bravo!«

Der Esel war wieder verstummt, war anscheinend mit offenen Augen eingeschlafen und schlug im Schlaf unbewusst nach Fliegen. Der Fremde setzte sich wieder und bot dem Wort sogar ein Plätzchen an. Das Wort lehnte dankend ab, es hatte bereits den größten Teil der Plätzchen aufgegessen und war pappsatt. Der Fremde ergriff das Wörtchen.

»Kommen wir nun zum ernsteren Teil dieses Tages.«

Er zog seinen weißen Anzug aus und offenbarte einen weiteren schwarzen Anzug.

»Wir alle haben uns hier zusammengefunden, um in einer ernsthaften Angelegenheit miteinander zu sprechen.«

Das Wort wusste nicht, wovon er sprach, doch hörte es zu, denn so langsam fing es an, seine verrückte Art zu mögen.

»Wir haben uns hier zusammengefunden, um über das Problem zu sprechen.«

»Welches Problem?«, fragte das Wort.

»Über Ihr Problem«, antwortete er.

»Esel und ich beobachten Sie jetzt schon seit einer ganzen Weile.«

»Ihr habt mich beobachtet?«

»Nur zu Ihrem eigenen Schutz. Verstehen Sie uns nicht falsch. Wir sind keine herumirrenden Irren. Wir sind lediglich interessiert an den Dingen, die um den Buchenwald herum geschehen. Bei Ihnen fiel uns etwas auf.«

»Ja dann sag es mir doch endlich, was ist denn los? Was ist so auffällig an mir?«

»Okay, ich werde es Ihnen nicht länger verschweigen.«

Der Fremde schaute dem Wort in die Augen und sagte dann:

»Aber setzen Sie sich doch lieber, es könnte unangenehm für Sie werden.«

Das Wort erwiderte trocken:

»Ich sitze bereits.«

»Sie, mein Lieber, Sie werden verfolgt.«

Der Fremde sprang auf den Tisch und schrie:

»Verfolgt! Sie werden verfolgt! Verfooooolgt! Verfolgt! Hüten Sie sich!«

»Von wem soll ich denn bitteschön verfolgt werden?«

»Raten Sie.«

»Warum soll ich raten? Ist es ein Teekesselchen?«

»Wie kommen Sie denn darauf? Sie werden doch von keinem Teekesselchen verfolgt. Aber raten Sie, es ist ein Teekesselchen.«

»Na dann, fang mal an.«

Der Fremde griff erneut den Kessel, schaute ihn fasziniert an und sagte dann:

»Mein Teekesselchen hängt auf. Mein Teekesselchen verfolgt. Mein Teekesselchen quetscht ein. Mein Teekesselchen vernichtet! Mein Teekesselchen!«

Er sprang auf, riss seine Arme in die Luft und schrie:

»Sie verfolgen uns! Sie verfolgen Sie! Sie verfolgten mich! Sie kommen!«

Der Fremde rannte nun von Baum zu Baum. Schlug gegen die Rinde, rannte zurück. Er stotterte:

»Sie verf-f-f-folgen Sie. Sie sind ganz n-n-nah.«

Jetzt hatte das Wort die Nase voll.

»Reiß dich zusammen! Wer soll mich verfolgen?«

Der Fremde kam ganz dicht an das Gesicht des Wortes und stotterte:

»Klamm-Kl-Klamm..., Aus-kl-klamm...«

Das Wort schüttelte ihn.

»Wer? Jetzt sag schon!«

Der Fremde schrie mit wilden Augen:

»Die Klammern!«

Dann setzte er sich wieder und war ruhig.

»Klammern? Wer oder was sind sie?«, fragte das Wort.

»Ich freue mich, dass Sie Ihre Manieren wiedergefunden haben. Ich darf mich Ihnen also vorstellen? Ich komme aus einer stolzen Familie. Mein Vater heißt *Aufrücken*, meine Mutter *Erdrücken*. Sie wollten eigentlich ein *Verrücken* bekommen, doch der liebe Gott hat ihnen einen Strich durch die Rechnung gemacht, so bekamen sie mich.«

Er streckte dem Wort die Hand entgegen, die es daraufhin schüttelte.

»Angenehm, mein Name ist *Verrückt*.«

So langsam ergab alles einen Sinn.

»Nett, dich kennenzulernen, Verrückt. Aber ich wollte eigentlich wissen, was Klammern sind.«

Verrückt wollte gerade aufspringen, doch das Wort hatte ihn geistesgegenwärtig am Arm festgehalten.

»Klamm-Kl-Klam-Klammern«, stotterte Verrückt.

Dann setzte er sich wieder. Das Wort ließ ihn los.

»Klammern verfolgen Worte, die unserer Welt nichts mehr nützen oder sie unnötig verkomplizieren. Füllworte, die alles in die Länge ziehen und für die Klammern auf den Müll gehören. Aber die kriegen mich nicht. Die wollten mich auslöschen, aber die kriegen mich nicht. Ich habe was im Kopf, und damit habe ich sie ausgeschaltet. Nur weil ich Verrückt bin. Die kriegen mich nicht.«

Verrückt fing an, sich zu wiederholen.

»Was passiert, wenn die Klammern dich finden?«, fragte das Wort.

»Sie lassen nichts von dir übrig. Nimm *meinethalben leutselig*. Zwei tadellose Worte, denen ich oft begegnet bin. Dann haben die Klammern sie erwischt. Seitdem sind sie verschwunden.«

»Aber warum haben die Klammern gerade dich verfolgt?«

»Ihnen hat meine Bedeutung nicht gefallen. Ein verrücktes Wort macht ihre Welt kompliziert. Sie haben Angst, dass die Menschen mich nicht verstehen. Esel hat mich gerettet. Er ist immer so vernünftig, und ...«, jetzt sprach er ein bisschen leiser, »... wenn Sie mich fragen, auch ein wenig langweilig, sodass es auf seiner Lichtung einen Ausgleich brauchte. Hier ergebe ich Sinn.«

»Und wie kommst du auf die Idee, dass *ich* jetzt verfolgt werde?«

Verrückt antwortete:

»Erstens sehen Sie genau aus wie ein Wort, das von Klammern verfolgt wird. Der schiere Zufall führt Sie in unseren Wald. Sie wissen weder, was Sie hier tun, noch wohin Sie wollen. Sie haben sich nicht einmal vorgestellt. Ich vermute Bedeutungsverlust? Klammern lieben Worte wie Sie. Und zweitens sitzt da hinten etwas im Busch und beobachtet uns«, sagte er, während seine umherirrenden Augen an etwas hängenblieben.

Verrückt sprang auf, zappelte wie verrückt und stieß dabei nicht nur sein h um, sondern alle h, wodurch das Wort, er selbst und Esel auf dem Boden landeten.

»Klammern, Klammern! Die Klammern greifen uns an!«, schrie er.

Der Esel stand langsam wieder auf, rückte das kleine h zurecht und machte es sich erneut darauf bequem. Verrückt robbte in Richtung Busch, aus dem jetzt auch das Wort zwei Knopfaugen lugen sah. Er sprang auf die Beine und schrie, so laut er konnte:

»Komm raus und zeig dich! Ich will den Feind sehen!«

Der Busch erzitterte, es hörte sich sogar so an, als wimmerte er. Ein kleines Geschöpf krabbelte aus dem Busch hervor und streckte die winzigen Ärmchen in Ergebung, um Vergebung bittend, in die Höhe.

»Du bist keine Klammer«, stellte Verrückt nüchtern fest, kam zurück, nahm sich eines der kleinen h und setzte sich wieder.

Das Wort lag noch immer auf dem Boden und schaute auf das kleine Wort, das da aus dem Busch gekrochen kam. Es kannte es ...

KAPITEL
VIER

Der Sturz

Das kleine Wort war aus dem Busch getreten und hatte seine kurzen Arme in die Höhe gestreckt. Als es das Wort sah, zeigte sich in seinen Augen Wiedererkennen. Es rannte mit kurzen Schritten auf das Wort zu, streckte die Arme aus und klammerte sich fest an eine Silbe.

Das Wort wusste nicht, wie ihm geschah. Es schaute an sich hinab auf das kleine Ding, das es voller Erwartung anblickte.

»Verrückt, Esel! Kommt her! Bitte! Was ist hier los?«, stammelte das Wort.

Verrückt erhob sich von seinem h. Er griff in die Jacketttasche und holte ein Monokel hervor. Die Linse klemmte er zwischen Augenbraue und Wange. Seelenruhig schlenderte er zum Wort.

»Was haben wir denn hier?«, murmelte er zu sich selbst. Er betrachtete das Wort, umkreiste es und untersuchte es von allen Seiten.

»Hochinteressant«, sagte er und rückte sich sein Monokel zurecht. »Wirklich interessant.«

»Na sag schon, Verrückt, was soll ich machen?«, fragte das Wort.

Verrückt steckte die Linse wieder in seine Tasche. »Esel, komm her, du magst Erklärungen doch so gern!«, rief er.

Der Esel gähnte und trottete dann zu ihnen.

»Artikel, so wie diesen hier«, Verrückt deutete auf das kleine Wort, das sich immer noch festklammerte, »gibt es so häufig wie Blätter im Buchenwald. Man trifft auf sie aber nur sehr selten. In der Regel halten sie sich verborgen. Artikel gibt es genauso häufig, wie es große Worte gibt. Es gibt Tausende große Worte. Sogar hier auf unserer Lichtung gibt es sie. Esel«, Verrückt sprach ihn anerkennend direkt an, »du bist ein großes Wort. Tisch«, Verrückt drehte sich um und sprach den Tisch anerkennend an, »du bist ein großes Wort. Und Sie«, jetzt sprach er wieder zum Wort, »auch Sie sind ein großes Wort.«

Das Wort hörte genau zu, als Verrückt weitersprach:

»Zu jedem großen Wort auf dieser Welt gibt es genau einen Artikel, der zu ihm gehört. Im Laufe ihres Lebens treffen Artikel und Wort aufeinander. Für gewöhnlich geschieht dies sehr früh im Leben, da ein Artikel sich bei Entstehung sofort auf den Weg macht, sein großes Wort zu finden. Ein Artikel allein trägt keine Bedeutung. Diese wird ihm erst in der Symbiose mit seinem großen Wort zuteil. Jedes Wort in der Welt der Sprache hat seinen eigenen Sinn, und so suchen auch diese kleinen Kerle schnell ihren festen Platz im Leben. Das große Wort, im Gegenzug, wird in der Symbiose mit dem Artikel komplett, es bekommt ein Geschlecht. Das Wort wird mündig.«

»Hast du einen Artikel?«, fragte das Wort.

»Nein, einen Artikel habe ich nicht, ich bin kein großes Wort«, antwortete Verrückt.

»Was bist du dann?«

»Ich bin Verrückt. Das ist alles, was ich bin, und damit bin ich verdammt zufrieden. Viel wichtiger ist es, dass Ihr Artikel Sie gefunden hat.«

Das Wort verstand nicht.

»Wieso soll es *mein* Artikel sein?«

»Es muss Ihrer sein. Was glauben Sie, warum er sich an Ihre Silbe klammert?«

Jetzt sprach der Esel:

»Das haben Sie alles sehr schön erklärt, Verrückt. Aber lassen Sie uns mit der Symbiose beginnen.«

Verrückt grinste. Er fing an, im Kreis um den Tisch zu laufen, trommelte mit seinen Fäusten gegen den Brustkorb und rief:

»Schwört euch den Eid! Schwört euch den Eid! Schwört euch den Eid!« Verrückt wusste mittlerweile nicht mehr, ob er gerade einen weißen oder schwarzen Anzug trug. Er riss sich den Anzug vom Leib, sodass sein letzter und bester Anzug zum Vorschein kam. Er war weiß. Verrückt war im Begriff, mit der Symbiose zu beginnen. Der Esel rückte sich ein kleines h zurecht und nahm wieder Platz. Der Teekessel lag mit dem Service auf dem Tisch. Er dampfte nicht mehr, das Aroma von Kräutern war verflogen. Mit feierlicher Stimme sprach Verrückt:

»Artikel, Wort, stellen Sie sich einander zugewandt auf. Schauen Sie sich in die Augen.«

Der Artikel ließ vom Wort ab und trat ein paar Schritte zurück.

»Wir haben uns heute hier versammelt, um zwei Worte zu verbinden. Artikel sind so klein, dass sie sich nicht brechen lassen. Genauso soll auch der Eid, den sich diese beiden Worte jetzt gleich schwören, ungebrochen bleiben.«

Es war jetzt ganz ruhig auf der Lichtung. Der Esel wagte es nicht einmal, mit dem Schwanz nach Fliegen zu schlagen. Verrückt sprach:

»Wort, schwören Sie, Ihren Artikel in guten wie in schlechten Zeiten zu halten? So antworten Sie nun mit: Ja, ich halte mein Wort.«

Das Wort zögerte kurz. Es blickte auf den Artikel vor sich, der ihm immer noch so vertraut vorkam, und sagte:

»Ja, ich halte mein Wort.«

»Und du, Artikel, willst du von diesem Wort in guten wie

in schlechten Zeiten gehalten werden? So gib ihm nun deinen Namen preis oder schweige für immer.«

»Die«, antwortete der Artikel mit piepsiger Stimme.

Verrückt schien mit sich selbst zufrieden, schaute feierlich in die Runde und sagte:

»Dann erkläre ich euch nun kraft des mir mit Recht verliehenen Amtes für offiziell vereidigt. Sie dürfen Ihr Wort nun halten.«

Der Artikel trat ein paar Schritte vor und umarmte das Wort, das sich zu ihm niedergekniet hatte. In der Umarmung löste sich der Artikel auf, verschmolz mit seinem großen Wort und ging in ihm auf. Der Artikel war verschwunden.

»Was ist passiert?«, fragte das Wort. »Wo ist er?«

Esel klopfte mit seinen Hufen ineinander. »Die Symbiose ist gelungen«, sagte er. »Ich gratuliere Ihnen. Sie tragen einen Artikel in sich. Sie sind ein großes Wort. Ein weibliches.«

Das Wort ahnte nicht, dass sie mit ihrem Artikel früher schon verbunden gewesen war, damals, als sie noch bei ihrer Familie gelebt hatte. Der Mensch hatte sie im Moment des Sprechens von ihrem Artikel getrennt, der Sturz ihr die Erinnerung geraubt. Und trotzdem war ihr der kleine Artikel seltsam vertraut vorgekommen.

Das Wort war ihrer Bedeutung ein Stück näher gekommen. Sie wusste jetzt, dass sie ein großes, weibliches Wort war. Und mit dieser Erkenntnis war es auch anderen Worten möglich, sie als solches zu erkennen. Seit dem Unglück waren so viele Dinge passiert. Wie war sie nur in diese Geschichte hineingeraten? Dichterin und Denker, Esel und Verrückt. Was hatte das alles mit ihr zu tun?

»Esel, Verrückt!«, sagte sie bestimmt. »Sagt mir, was ich tun soll. Wohin soll ich gehen?«

Verrückt wollte antworten, doch der Esel unterbrach ihn: »Sie müssen fort von hier.«

»Aber wohin? Ich muss herausfinden, was ich vergessen habe und welchen Sinn ich habe. Aber wo soll ich danach suchen?«

»Es gibt Tausende Wege, die du einschlagen kannst. Den Weg zu erkennen, der dir Sinn gibt, ist die größte Herausforderung.«

»Und was soll ich jetzt tun?«

Der Esel stand mit seinem massigen Körper auf, um langsam in Richtung der Bäume zu trotten. Er stoppte kurz, drehte seinen Kopf und sagte:

»Kommt, ich will euch etwas zeigen.«

Das Wort folgte ihm. Verrückt schlurfte hinterher. Sie gingen durch den Teil des Buchenwalds, durch den das Wort bisher nicht gekommen war. Dichtes Gestrüpp erschwerte ihnen den Weg, doch mit der Zeit lichtete sich das Buschwerk. Ein Rauschen hing in der Luft. Sie überquerten den Waldrand und kamen vor einem tiefen Abgrund zum Stehen. Das Wort konnte ihren Augen kaum trauen.

»Um Gottes willen«, flüsterte sie.

Der Esel drehte sich gleichmütig zu den beiden um. Verrückt hatte sie schon so viele Male gesehen, doch raubte ihm der Anblick immer wieder den Atem.

»Esels Brücke«, hauchte er.

Vor dem Wort ragte sie über den Abgrund. Eine lange hölzerne Brücke verband diese Seite mit der anderen, jenseits des Abgrunds. Doch die Brücke reichte so weit, dass man das Jenseits von hier aus nicht erblicken konnte. Zahllose Seile hielten die Holzbretter in Position und dienten gleichzeitig als Geländer. Unter der Brücke, tief im Abgrund, lag ein reißender Fluss. Das Getöse grollte von unten herauf. Esels Brücke zeigte sich unbeeindruckt. Regungslos überspannte sie den Abgrund.

»Das ist sie. Meine Brücke«, sagte der Esel.

»Sie ist beeindruckend«, sagte das Wort.

»Sie haben gefragt, wohin Sie gehen sollen, um Ihren Sinn wiederzufinden. Hier können Sie nicht bleiben. Verlassen Sie den Buchenwald. Überqueren Sie die Brücke. Ich weiß nicht, was Sie auf der anderen Seite erwartet. Ich für meinen Teil bin nie drüben gewesen. Will es auch nicht, muss es auch nicht. Ich bin ein alter, störrischer Esel. Ich trinke gerne auf meiner Lichtung einen Schluck Tee und esse gerne ein Stück Kuchen. Ich spiele gerne Teekesselchen. Und wenn ich keine Lust dazu habe, döse ich vor mich hin. Ab und zu kommen ein paar Worte, die meine Brücke überqueren wollen, und das ist gut so. Das reicht mir an Sinn, ich brauche nicht mehr. Aber Sie müssen gehen. Hier werden Sie Ihren Sinn nicht finden. Mit jedem Schritt, den Sie tun, fällen Sie eine Entscheidung, denn gleichzeitig schließen Sie die unendlich vielen anderen Möglichkeiten aus, die Sie auch hätten wählen können. Das Geheimnis ist es, sich zu entscheiden. Und mit jeder Entscheidung, die Sie in Ihrem Leben treffen, kommen Sie auch einen Schritt voran.«

Mit großen Augen blickte Verrückt ihn von der Seite an.

Der Esel hatte Recht, das wusste das Wort. Sie musste weiter. Andernfalls würde sie nie herausfinden, welche Bedeutung sie hatte. Im Grunde spielte es keine Rolle, wohin sie gehen würde, jeder Weg wäre ein Fortschritt gegenüber dem Hier und Jetzt.

»Danke, dass du mich deine Brücke überqueren lässt«, sagte sie zum Esel.

Der Esel nickte. Dann wandte sie sich Verrückt zu.

»Verrückt, es war mir eine Freude, dich kennengelernt zu haben.« Sie schmunzelte und fügte hinzu: »Mit dir wurde es nicht langweilig.«

»Sie werden Ihren Sinn schon finden, da bin ich mir sicher. Jeder hat einen Sinn, selbst der Unsinn. Wissen Sie, sonst wäre ich doch nie aufgeschrieben worden. Sie können es mir glauben oder nicht, aber auch Sie wurden einst mal aufgeschrieben oder werden sogar jetzt, in diesem Moment, gerade aufgeschrieben. Sie müssen also eine Bedeutung haben. Ob Sinn oder Unsinn, ob bedeutend oder unbedeutend, wer soll das entscheiden? Ich für meinen Teil liebe es, meine Anzüge elfmal am Tag zu wechseln, Purzelbäume zu schlagen und es Esel nicht allzu langweilig werden zu lassen. Das macht mich aus. Solange ich überrasche, unterhalte, verblüffe, solange ich Fantasie habe, habe ich auch einen Sinn, so sehe ich das zumindest. Merken Sie sich das. Ohne Fantasie ist das meiste ziemlich langweilig. Der normale Alltag, der sich ständig wiederholt. Für mich ist alles Gewöhnliche der größte Unsinn, das können Sie mir glauben.«

Verrückt umarmte das Wort. Sie wusste nicht, was sie von diesem Kerl halten sollte. Die letzten Sätze kamen ihr schon wieder so merkwürdig vor. Aber vielleicht sollte sie ihn ernster nehmen, als sie es konnte. Vielleicht war er doch kein Spinner, sondern ein Fantast. Das Wort bedankte sich noch einmal bei den beiden. Dann drehte sie ihnen den Rücken zu und setzte langsam einen Fuß auf Esels Brücke.

Als das Wort kaum noch zu erkennen war, sie sich ungefähr in der Mitte der Brücke befinden musste, zog Esel ein Messer aus seinem Versteck an der ersten Strebe. Er trat zu zweien der im Boden verankerten Seile. Der Esel kannte seine Brücke gut und wusste genau, welche Seile er zu kappen hatte. Zwei tiefe Schnitte, und die Seile rissen. Die eine Seite der Brücke fiel in die Tiefe. Holz brach, und das Echo des Schreies, ausgestoßen vom Wort, drang vom Abgrund herauf, wurde aber bald vom Rauschen des Flusses übertönt. Esel und Verrückt schauten den Abgrund hinunter. Esels Blick war unbewegt und stur. Leise sagte er:

»Viel Glück.«

Die beiden Wesen hatten die Witterung nicht verloren. Sie rasten über das Feld, hielten kurz inne, um sicherzugehen, und rasten dann weiter auf einen Wald zu, in dessen Mitte eine Lichtung war. Der dort stehende Tisch war nicht gedeckt. Drei h waren sauber und ordentlich um den Tisch herum aufgestellt. Die Lichtung war verwaist, doch hing der Geruch eines ihrer zukünftigen Opfer noch immer in der Luft. Es war ein sinnloser Geruch, der nur von einem Wort kommen konnte, das uneingeschränkt unbedeutend war oder seine Bedeutung schon vor langer Zeit verloren hatte. Die beiden

Wesen hielten sich nicht länger auf. Sie folgten dem Geruch, der durch den Wald zu einer Brücke führte, die groß und mächtig einen tiefen Abgrund überspannte. Hier verlief sich die Spur. Sie reichten sich kurz die Hände, entschieden sich anscheinend und hasteten los. Ohne Probleme überquerten sie den Abgrund.

VIER
Der Sturz

KAPITEL
FÜNF

Im Sprachfluss

Um sie floss ein Strom aus Worten, der an ihren Silben riss. Sie griffen ineinander, formten lose Sätze, die sich so schnell auflösten, wie sie entstanden. Die Kraft des Flusses drückte sie nach unten, um sie augenblicklich wieder an die raue Oberfläche zu spülen. Die Strömung zog sie mit hoher Geschwindigkeit flussabwärts. Das Wort versuchte sich am Gestrüpp, das am Ufer wuchs, festzuhalten, doch es gelang ihr nicht. In einiger Entfernung vor ihr schäumte es im Fluss. Ein narzisstischer Strudel ließ dort Worte um sich selbst kreisen. Sie trieb jetzt genau auf den Strudel zu und wurde im nächsten Moment von ihm erfasst. Das Wort blieb noch kurz an der Oberfläche, ein nichtssagendes Rauschen, bis der Strudel sie zusammen mit den anderen Worten in die Tiefe riss. Das Licht der Oberfläche rückte in weite Ferne. Sie sah nur noch schemenhaft Worte um sich herum. Eine Hand streifte ihre, und sie umschloss sie instinktiv. Gemeinsam mit dem unbekannten Wort sank sie in die Tiefe.

»Hörst du mich?«, sprach sie in die Stille, die sie umgab.

»Ja, aber ich sehe kaum noch etwas«, antwortete das Wort an ihrer Seite.

»Wie heißt du?«

»*Stundenglas*. Und du?«, fragte es sie.

»Ich habe meinen Namen vergessen.«

»Das tut mir leid.«

Das Wort wollte nicht weiter auf das Thema eingehen. Stattdessen sagte sie:

»Stundenglas ist ein außergewöhnlicher Name.«

»Es ist ein sehr alter Name. Worte kennen nur noch Sanduhren. Das Stundenglas kennt fast niemand mehr.«

Immer tiefer wurden sie von der Strömung gezogen. Licht drang kaum noch nach unten.

Eine dunkelblaue Tintenwolke, mehr sah das Wort nicht.

»Ich war noch nie so tief unten«, sagte das Stundenglas. »Das ist der Bereich der toten Sprache.«

»Tote Sprache?«, fragte das Wort.

»Die Archaismen leben hier. Methusalemworte.«

Die Strömung ließ nach. Endlich spürte das Wort festen Grund unter sich. Es war stockfinster.

»Was sind Methusalemworte?«, fragte sie und hielt immer noch die Hand des Stundenglases fest umschlossen.

»Die ältesten Worte, die es in unserer Welt gibt. Tausende von Jahren alt.«

»Wir sollten uns hier nicht aufhalten. Ich habe ein ganz schlechtes Gefühl«, sagte das Wort.

In diesem Moment erschien ein Lichtkegel in der Dunkelheit und noch einer und noch ein dritter. Zuerst blendete es dem Wort in den Augen, dann nahm die Welt um sie herum Konturen an. Sie sah riesige Schildkröten, die, so weit das Licht reichte, in der Tiefe schwebten. Sie trieben auf der Stelle und bewegten sich kaum. Auch die Köpfe und Gliedmaßen, die hier und da aus dem dunklen Panzer herausragten, blieben unbewegt. Das Licht kam von Anglerfischen, die sich auf den Panzern der Schildkröten niedergelassen hatten. Einer der Fische befand sich nur ein kleines Stück vom Wort entfernt, denn auch Stundenglas und sie waren auf dem Rücken einer Schildkröte gelandet. Der Panzer unter ihnen bebte. Aus dem Inneren grollte eine Stimme:

»Ehnels Funzeln aus unvordenklichen Jahren. Heutigentags leuchten sie noch immer allerwegen. Die uralte Weil hätte das nicht gedacht.«

»Was sagt sie?«, fragte das Wort, das nur einen Bruchteil der Wörtchen verstand, die aus dem Panzer aufstiegen.

Das Stundenglas zögerte kurz. »Es sind die Lichter ihres Großvaters«, übersetzte es. »Die uralte Weil ist erstaunt, dass die alten Anglerfische immer noch so gut leuchten.«

»Die uralte Weil?«

»So nennt sie sich«, sagte es.

»Warum verstehst du, was sie sagt?«

»Ich verstehe nicht alles. An einige ihrer Wörtchen erinnere ich mich noch aus meiner Jugend. Zum Großvater sagten wir auch Ehnel. Methusalemworte nutzen manchmal tote Sprache. Sie vergessen, dass viele Wörtchen längst ausgestorben sind.«

Unter ihnen rumorte es.

»Schockant! Kein Sterbenswörtchen vergessen wir! Überhebung der Jugend, in der Syrte das Schweigen zu brechen. Endigt es.«

»Was?«

Das Stundenglas flüsterte:

»Sie sagt, dass wir in der Untiefe des Flusses schweigen sollen. Ich hätte nichts von den ausgestorbenen Wörtchen sagen sollen. Das hat sie beleidigt.«

»Warum sollen wir schweigen?«, fragte das Wort.

Unter ihnen knarzte und krächzte es. Ganz langsam schob sich ein schuppiger Kopf aus dem Panzer und drehte den langen Hals so, dass er die beiden Worte auf seinem Rücken direkt ansah. Die im Verhältnis zum Kopf winzige Nase ging nahtlos in die Stirn über. Die schwarzen Augen lagen weit auseinander. Der Mund war nur ein Strich, der in tiefen Falten lag. Viel Zeit war über dieses Gesicht gelaufen.

»Wo es finster und allmählich totschweigt, kann die Weil gedenken.«

»Nur bei Dunkelheit und in Stille kann sie nachdenken«,

wiederholte das Stundenglas flüsternd.

Der Kopf der Schildkröte kam ganz dicht an Stundenglas heran. Dann sagte sie:

»Kein Wort, das nicht mal Großjährigkeit erreicht hat, brauchen wir, um übersetzt zu werden, nicht wahr? Die Weil kennt alle Wörtchen und Sterbenswörtchen.«

Das Wort wandte sich jetzt direkt an die Schildkröte.

»Über was denkst du denn nach?«

Der Blick der Schildkröte ruhte auf ihr. »Gerade heute haben wir über den Tod nachgedacht. Ein so kurzes Wort, nicht wahr? Und doch äußerst robust. Sehr alt. Und immer noch an der Oberfläche des Sprachflusses. Es hat sich kaum verändert über die Jahre. Die Weil fragt sich, wann der Tod zu ihr herabsinken wird.«

Das Wort verstand nun ihre Wörtchen, doch gleichzeitig wusste sie nichts mit ihnen anzufangen.

»Ich verstehe nicht. Wann versinken Worte im Fluss?«

»Wenn die Worte alt sind und vergessen wurden«, antwortete die Schildkröte. »Die Sanduhr ersetzt das Stundenglas. Der Charmeur ersetzt den Hofmacher. Der Onkel den Oheim. Wenn sich keiner mehr an sie erinnert, versinken sie im Fluss.«

»Und wie kommen sie zurück an die Oberfläche?«

»Zurück? Kein Sterbenswort kommt zurück. Sind sie erst einmal ein Teil der toten Sprache, bleiben sie am Grund des Flusses.«

Das Wort blickte das Stundenglas an. »Aber es muss doch eine Möglichkeit geben, das zu verhindern.«

»Mhh, vielleicht. Aber darüber müssen wir nachdenken«, erwiderte die Schildkröte. Dann schloss sie die Augen und schwieg. Das Wort schaute das Stundenglas fragend an. Die

Minuten verstrichen, ohne dass die Schildkröte etwas sagte.

»Weil!«, rief das Wort. Und weil die Schildkröte darauf nicht reagierte, rief sie noch einmal: »Weil!« Ganz langsam öffnete die uralte Weil die Augen.

»Ihr schweigt immer noch nicht, nicht wahr?«, sagte sie.

»Wie kommen wir zurück an die Oberfläche?«

»Wir sagten bereits, wir müssen darüber nachdenken. Es würde euch gut stehen, es uns gleichzutun und auch über etwas nachzudenken.«

»Worüber denn?«, fragte das Wort.

»Wie wäre es damit, welche Bedeutung du hast?«, entgegnete die uralte Weil. »Ein gänzlich wunderbares Thema. Sehr schwierig. Es wird dich hier unten die nächsten Jahre gut beschäftigt halten.«

»Woher weißt du davon?«

»Du bist ein junges Wort, nicht wahr? Sehr ungeduldig. Alle jungen Worte suchen nach Bedeutung. Auch wir waren mal jung und konnten nicht schnell genug durch den Fluss treiben. Wir wollten Mündungen erreichen und dort Spuren hinterlassen, wo noch niemand vor uns gewesen ist. Derweil merkten wir nicht, wie wir langsam alterten. Es war unsere erste Silbe. *Derweil* ersetzte *Dieweil*. Dieweil versank im Fluss und wurde zum Archaismus, zur uralten Weil. Derweil bewegt sich immer noch an der Oberfläche. Aber auch er ist mittlerweile alt. Es wird nicht mehr lange dauern, bis er zu uns herabsinkt und *Währenddessen* ihn ersetzt hat.«

»Wie kommen wir zurück an die Oberfläche?«, fragte das Wort erneut. Doch die uralte Weil war in ihren Gedanken versunken.

»Es ist nicht schlimm, nicht wahr? Es war ein reiches Leben. Wir haben Glück empfunden. Wir wurden geliebt und durften selbst lieben. Die Welt der Sprache ist stets im Wandel. Manche Worte, die heute an der Oberfläche des Flusses treiben, werden in hundert Jahren vergessen sein. Wisst ihr, der Sprachfluss hat keine Mündung. Jahrelang dachten wir, dass wir irgendwann irgendwo ankommen würden. Aber das stimmte nicht. Der Fluss fließt immer weiter. Es sind bloß andere Worte, die an seiner Oberfläche treiben.«

»Wie kommen wir zurück zur Oberfläche?«

»Du bist eigentlich viel zu jung. Bist völlig unverschuldet in Vergessenheit geraten. Mit dem Stundenglas in der Tiefe versunken.«

»Ich wollte sie nicht mit nach unten ziehen!«, rief das Stundenglas.

»Wie kommen wir zurück?«, fragte das Wort.

Immer noch in Gedanken sprach die uralte Weil:

»Durch Zufall begegnen wir manchmal schon fast vergessenen Wörtchen, nicht wahr? In einem alten Buch oder in einem Märchen, das wir erzählt bekommen. Dann wird das Wörtchen für die Dauer der Erzählung wieder lebendig. Und wenn sie uns berührt, erzählen wir die Geschichte weiter. Von Wort zu Wort. Von Ort zu Ort. Und mit der Geschichte, die wir weitererzählen, tritt auch das fast vergessene Wörtchen wieder in unser Bewusstsein. Und mit der Zeit ist es gar nicht mehr vergessen. Es wird wieder lebendig. Wir vermuten, dass dies nicht nur für Wörtchen gilt. Es könnte auch für das Stundenglas gelten. Vielleicht wenn es in einer Geschichte vorkäme. Dann würde das Stundenglas zurück an die Oberfläche des Sprachflusses gelangen, nicht wahr?«

Die Schildkröte schwieg kurz und dachte dabei anscheinend über ihre eigenen Wörtchen nach. Dann sprach sie mit monotoner Stimme:

»Stundenglas. Stundenglas. Stundenglas. Stundenglas. Stundenglas …«

Zuerst geschah nichts.

»Stundenglas. Stundenglas …«

Das Wort spürte einen leichten Sog.

»Was tust du?«, rief das Stundenglas, und genau in dem Moment lösten sich seine Silben vom Panzer der Schildkröte. Das Stundenglas stieg langsam nach oben.

»Nimm meine Hand«, rief es dem Wort zu, die nicht lange zögerte. Sie sprang auf und griff nach der Hand, die Stundenglas ihr hinstreckte. Der Sog hatte beide Worte erfasst und ließ sie weiter aufsteigen.

»Was passiert hier?«, rief das Wort und blickte hinab zur Schildkröte.

Die uralte Weil schaute den beiden Worten nach, die schon ein gutes Stück über ihr schwebten. In Gedanken versunken antwortete sie:

»Ihr scheint wohl Teil einer Geschichte zu sein. Aber darüber werden wir klüglich nachdenken müssen.« Damit zog sich die uralte Weil in ihren Panzer zurück. Das Licht der Anglerfische erlosch und gab der Tiefe ihr Dunkel zurück.

Das Wort wusste nicht, ob sie die Wörtchen der alten Schildkröte verstanden hatte. Doch sagte sie:

»Leb wohl.«

An der Hand des Stundenglases stieg sie weiter nach oben. Und je weiter sie kamen, desto stärker wurde der Strom, der an ihnen zerrte. Sie sah die Konturen der anderen Worte, die mit ihnen durch den Fluss getragen wurden. Da war ein Schwarm einsilbiger Fische, die sich stumm zu kurzen Sätzen formten. Betonte Silben sangen Lieder über Anglerfische, die nach Komplimenten fischten. Sie sah fremde Worte, die sich vor ihren Augen zu einem Fremdwort formten.

Ob all die Worte ahnten, dass auch ihre Zeit verstrich und sie irgendwann an den Grund des Sprachflusses sinken würden?

Die Oberfläche war nur noch Augenblicke entfernt. Der Strom zog sie das letzte Stück hinauf. Oben angekommen, fielen sie sich in die Arme.

»Ich dachte, wir hätten ewig dort unten bleiben müssen«, sagte das Stundenglas. »Was ist passiert?«

»Du bist anscheinend doch noch nicht so alt, wie du tust«, gab das Wort zurück und war selbst erleichtert.

Während sie sprachen, trieben sie weiter flussabwärts, an Strudeln vorbei, in die sie aber nicht hineingerieten.

»Ich frage mich, wie viel Zeit ich noch habe, bis ich endgültig im Fluss versinke«, sagte das Stundenglas.

»Irgendwann schwimmen wir alle als Schildkröten am Grund des Flusses. Dann sind wir tiefsinnig und weise. Du als uraltes Stundenglas. Und ich als uralte …«

»Du kennst deinen Namen immer noch nicht, oder?«, fragte das Stundenglas.

»Nein«, antwortete das Wort.

»Da!«, rief das Stundenglas plötzlich. Das Wort sah es auch. In der Ferne ragte eine dunkle Mauer auf, hinter der graue Türme bis in den Himmel reichten.

»Eine Stadt«, sagte das Stundenglas. »Die Mauer lenkt den Fluss um. Hier musst du den Sprachfluss verlassen.«

»Wie?«, fragte das Wort.

»Die Stelle ist perfekt. Ich bin schon an einigen solcher Mauern vorbeigekommen. Es gibt da Treppen, die bis in den Fluss hineinreichen. Die Worte aus den Städten benutzen sie für Wartungsarbeiten. Wenn wir an ihnen vorbeiströmen, musst du dich am Geländer festhalten und hochziehen, bevor dich die Kräfte verlassen.«

»Was ist mit dir?«

»Ich bleibe hier«, antwortete das Stundenglas.

»Komm mit mir. Früher oder später wirst du wieder im Fluss versinken.«

»Wie du schon gesagt hast, früher oder später werden wir alle in ihm versinken. Ich werde ihn nicht verlassen. Der Fluss unterscheidet nicht zwischen bedeutend und unbedeutend. In ihm ist jedes Wort gleichbedeutend.«

Die Strömung hatte die beiden jetzt so dicht an die Mauer getragen, dass sie die Treppen sehen konnten, die im weiten Abstand zueinander die Mauer hinaufführten.

»Bist du bereit?«, fragte das Stundenglas und ergriff die Hand des Wortes.

»Ja.« Dann wurden sie an die Mauer gedrückt. Das Wort fühlte den glatten Stein. In hoher Geschwindigkeit drängten andere Worte von hinten nach und schoben sie dadurch weiter die Mauer entlang. Das Geländer der ersten Treppe rauschte an ihnen vorbei. Das Wort hatte nicht einmal versucht, nach ihm zu greifen. Das Stundenglas deutete auf die nächste Treppe ein gutes Stück vor ihnen.

»Du bist im Sprachfluss nicht untergegangen, lass dich also auch da oben nicht unterkriegen, hörst du?« Dann riss er sie mit einem Ruck gegen die Flussrichtung und ließ gleichzeitig ihre Hand los. Das Wort drückte es unter die Oberfläche. Für einen kurzen Moment verlangsamte sich ihr Tempo. Sie schwebte genau vor der Treppe und griff um die Metallstäbe. Dann kehrte der Sog zurück. Mit letzter Kraft zog sie sich am Geländer nach oben und erreichte die erste Stufe. Das Stundenglas war verschwunden. Der Fluss rauschte an ihr vorbei. Langsam stieg das Wort die Treppe hinauf. Oben angekommen, hatte sie Aussicht auf die Stadt. Der Anblick verschlug ihr den Atem.

KAPITEL
SECHS

Sprachen

Von der Mauer aus betrachtete sie die Stadt, die sich groß und grau wie ein Teppich über das Land ausbreitete. Es war aber keiner von diesen fein geknüpften Orientteppichen, eher ein staubiger Fußabtreter, lieblos vor die Tür in die Kälte der Nacht geworfen. Ein wirres Wegenetz, das einst an mehreren Stellen begonnen wurde und sich jetzt selbst durchkreuzte, trennte Viertel von Viertel. Am Horizont hing feiner Staub, der aus hohen Schornsteinen aufstieg und unter der Sonne flirrte. Die Straßen waren voll von Worten, die sich auf das Zentrum der Stadt zubewegten. Von der Mauer aus konnte das Wort nicht genau erkennen, was sich dort im Zentrum befand. Es sah aus wie ein weißes Loch, das die Worte nach und nach in sich aufnahm. Eine Treppe führte von der Mauer bis runter in die Stadt.

Das Wort wurde aus ihren Gedanken gerissen und an die Seite geschubst.

»Pass doch auf!«, rief ein Ochse mit geschwungenen Hörnern. »Steh da nicht so blöd rum, du hältst den ganzen Verkehr auf!« Die Worte schubsten und drängelten.

»Jetzt macht schon! Warum dauert das so lange?«, rief ein Wort, das weiter hinten stehen musste.

»Reg dich nicht auf, wir alle wollen vorankommen!«, gab ein Kaktus zurück, um den sich nur wenige Worte drängten.

Ein Kran mit hölzernem Flaschenzug, der weiter vorne stand, drehte seinen Hals.

»Wir kommen gleich zu einer Kreuzung, die sind mit Umlautarbeiten beschäftigt!«

Das Wort war die Treppe hinabgestiegen und von einem Strom von Worten in Richtung Zentrum ergriffen worden. Ihr Weg führte jetzt durch enge Gassen an kleinen Läden vorbei, in denen die unterschiedlichsten Dinge in kurioser Weise feilgeboten wurden. Sie erspähte einen Stand, vor dem der Marktschreier, ein schlechtgelaunter Imperativ, seine Waren lauthals anschrie:

»Steh, Lampe! Trage, Tasche! Sitz, Gelegenheit!«

Die Leuchter, Taschen und Stühle rührten sich aber nicht. Und auch die Worte machten einen großen Bogen um den Verkäufer.

An einer Straßenecke malte ein Künstler Sprachbilder. Dicke Farbkleckse waren auf seiner Kleidung eingetrocknet. Vor der Staffelei standen Worte, die darauf warteten, sich von ihm porträtieren zu lassen. Mit einem Bild war er gerade fertig geworden. Es war sehr abstrakt, und außer in sich verlaufenden Ölfarben sah man nicht viel.

»Was soll denn das sein?«, fragte das Wort, das er porträtiert hatte.

»Ein *denk mal*«, antwortete der Künstler.

»Ich hätte dir meinen Namen nicht sagen sollen!« Das Denkmal lachte, gab ihm einen Taler und trug das Gemälde davon.

Langsam bewegten sie sich voran, bis sie die Kreuzung erreichten. Der Kran hatte Recht: Ein langer Satz war dort mit dem Umbau eines Lauts beschäftigt. Der Umlaut hing in großer Höhe, weshalb der Satz sich in die Länge zog, um die passenden Buchstaben anbringen zu können. Buchstäbe stützten ihn dabei mehr schlecht als recht. Das Wort las:

Willkommen in Sprachen, der Austragungsstätte der Wortspiele...

Statt nur den eigenen Punkt balancierte das Satzende deshalb jetzt auch noch die beiden Punkte des ä's, was dem Satz Schwierigkeiten bereitete, denn die Buchstäbe wackelten heftig.

Ein Polizist in Uniform regelte den Verkehr auf der Kreuzung. Mit raschen Bewegungen drehte er sich zu allen Seiten und wies die Worte an, stehen zu bleiben oder weiterzugehen. Er blies dabei in seine Pfeife, was in dem Getöse um ihn herum aber völlig unterging. Jetzt wies er der Gruppe, in der auch das Wort stand, weiterzugehen. Als die Kreuzung überwunden war, kamen sie schneller voran. Der Kaktus, der sie gerade erst überholt hatte, war schon längst ein gutes Stück weiter vorne. Das Wort hatte es nicht eilig und ließ sich treiben. Sie blickte in alle Richtungen und staunte über die Stadt Sprachen mit all ihren Bewohnern und Bauten. Im Vorbeigehen fiel ihr Blick auf eine Gestalt, die in einem glänzend goldenen Umhang am Straßenrand saß. Ein gutgekleideter Stift ließ ein paar Taler in die Kappe fallen, die das Gedicht vor sich auf den Weg platziert hatte. Worte blieben stehen und formten eine Traube um das Gedicht, welches aufgestanden war und seine Arme spreizte, wodurch der goldene Umhang stärker zur Geltung kam. Es blickte in die Luft, hatte seine Augen geschlossen und rief:

»*Der Stift*

Er zittert übers Blatt Papier.
Schreibt und schreibt. Um sein Leben.
Hält die Fantasie in Grenzen. Hält sie fest.
Und teilt sie auf.
In Wörtchen.

Jedes Wort steht geschwungen.
Von ihm beschwingt.
...

Auf Reisen geschickt.
Von Ort zu Ort.

Nimm mich mit.
Schreib mich auf.
Von Märchen umgeben.
Streck ich mich aus.«

Daraufhin setzte es sich wieder und verstummte. Einzelne Worte applaudierten verhalten und gingen bald weiter. Die Worte wuselten durcheinander, blieben an kleinen Verkaufsständen stehen, wo Juweliere Serifen anboten und Typografen kostenlose i- und ü-Tüpfelchen verteilten. Die Mehrzahl der Worte strebte jedoch weiter auf das Zentrum zu, das auch das Wort soeben erreichte.

Das Zentrum von Sprachen lag etwas tiefer als der Rest der Stadt. Noch bevor man es erreichte, konnte man so einen guten Überblick gewinnen. Dunkle Türen reihten sich aneinander und formten auf dem Platz einen großen Kreis. Die Fläche selbst bestand aus einer weißen Steinplatte: das vermeintliche weiße Loch, welches das Wort von der Mauer aus zu sehen geglaubt hatte. Der Platz war voll mit Worten, die sich gegenseitig auf die Türen zuschoben.

»Was passiert da?«, sagte das Wort zu sich selbst.

»Die Eingangskontrolle zu den Wortspielen«, flüsterte eine Stimme hinter ihr.

Das Wort drehte sich um und erschrak bei dem Anblick des grau-braun gescheckten Karnickels. Sein Gesicht war gedrungen, die schwefelgelben Augen zu weit aufgerissen. Zwei schwarze Punkte lagen darin, die das Wort fixierten.

»Ihr seid nicht von hier«, stellte das Karnickel fest.

»Nein, bin ich nicht.«

»Seht Ihr die Wärter dort?«, fragte er.

Sie drehte sich um und schaute auf das Zentrum.

»Ja, die sehe ich.«

Vor den Türen standen große Worte. Aus der Entfernung war es recht schwer zu erkennen, doch meinte sie, ein Ross zu sehen und gleich daneben einen Kranich.

»Die Wärter kontrollieren die Tickets. Ohne Ticket gibt es keinen Einlass. Besitzt Ihr ein Ticket?« Das Gelb seiner Augen funkelte.

»Nein, ich habe keines«, antwortete das Wort. Das Karnickel verzog seinen Mund zu einem Grinsen, das lange gelbe Schneidezähne offenbarte.

»Heute ist Euer Glückstag. Darf ich mich Euch vorstellen? Mein Name ist Charles Lutwidge Dodgson. Bedauerlicherweise ist meine Begleitung verhindert. Wollt Ihr mich begleiten?«, sagte er und zog dabei zwei bedruckte Scheine aus seinem Brustbeutel.

So einen seltsamen Namen hatte sie noch nie gehört.

»Ich habe kein Geld«, sagte sie.

»Aber ich bitte Euch. Ich will kein Geld. Das Ticket ist ein Geschenk. Begleitet mich zu den Wortspielen. Es wird ein Spaß.«

»Das kann ich nicht annehmen.«

»Ihr könnt«, flüsterte er ihr ins Ohr, als er sich bei ihr einhakte und sie auf die Türen zuschob.

»Bleibt dicht an meiner Seite. In Sprachen gehen Gerüchte um. Worte sollen verschwunden sein.«

»Verschwunden?«

»Die Wortspiele ziehen alle möglichen sinnlosen Worte an. Bettler und Straßenkünstler. Lyrikmacher und L-Bogenspieler. Solche Gestalten. Während der Spiele ist die Stadt voll von ihnen. Ein paar sollen verschwunden sein.«

Das Wort dachte an das Gedicht am Straßenrand. Gedichte waren doch nicht sinnlos.

Sie mussten lange warten, bis sie an der Reihe waren. Das Karnickel trat mit dem Wort auf die Eiche zu, die sich vor der Tür aufbäumte. Er reichte ihr die Tickets.

»Das Mädchen kann passieren.« Ihre Stimme dröhnte von den Wipfeln ihrer Krone auf die beiden herab.

»Aber du.«

Der Baum griff mit einem Ast das Karnickel und schüttelte ihn. Als er nichts Verdächtiges feststellen konnte, ließ er auch ihn durch. Die Tür schwang mit einem dumpfen Stöhnen auf. Im Inneren war es dunkel. Nur ab und zu fiel Licht durch die Eingänge, die sich mal hier, mal dort öffneten.

»Kommt«, flüsterte das Karnickel und zog das Wort tiefer in die Dunkelheit.

Dann spürte sie den Boden unter sich nicht mehr. Während des langen Falls krallte sie sich an seinem Fell fest und hörte die undeutlichen Wörtchenfetzen anderer Worte, die mit ihnen den Schacht hinabfallen mussten. Trotz des langen Falls gab es keinen festen Aufprall, im Gegenteil, in dem einen Moment fielen sie noch, um im nächsten Moment mit einem leichten Ruck aufzukommen. Worte erschienen um sie herum in dem von Kerzenlicht schwach erleuchteten Tunnel, machten sich aber schnell daran, weiterzugehen. Der Platz oben im Zentrum der Stadt war voller Worte gewesen. Hier war es leer, vereinzelt tauchten immer wieder Worte auf, doch sie verliefen sich in den Weiten des Tunnels.

»Kommt, wir gehen«, sagte das Karnickel an ihrer Seite.

»Wohin gehen wir?«, fragte sie.

»Zu den Wortspielen«, antwortete er und zog sie mit sich.

Der Tunnel war verschlungen. Hier und da gab es Abzweigungen, die vom eigentlichen Hauptgang wegführten. Das Karnickel bestand darauf, die Abkürzungen zu nehmen, wie er sie nannte.

Das Wort verlor die Orientierung und folgte ihrem Begleiter mehr oder weniger blind durch die Gänge. Immer weniger Worte liefen ihnen über den Weg, bis sie nach unzähligen Abzweigungen in einen Gang gerieten, in dem sich kein einziges mehr befand. Das Karnickel blieb stehen, drehte sich zu ihr um und blickte sie aus den schwefelgelben Augen an.

»Was ist?«, fragte sie.

»Ich dachte nur«, das Karnickel verstummte.

»Was?«, fragte sie.

»Ihr seid schön«, flüsterte er. »Wirklich schön.«

Sie wich zurück.

»Wir sind ganz allein, wisst Ihr ...?«

Das Wort trat ausweichend einen Schritt nach hinten und stieß dabei gegen die kalte Wand des Tunnels. Das Karnickel stand wieder dicht vor ihr.

»Silber spielt auf ihrer Haut. Ihr Mund bereitet meine Sehnsucht. Liebe. Oh, Wärme. So zarte Wangen, rund und weich. Locken fallen hinab. Ich fange sie auf. In meine Arme.

Streichelte ich nur ihre. Schau auf ihre Hände, so natürlich. Liebe.« Seine Augen glühten.

»Lass mich!«, rief sie und stieß ihn weg.

Fanatisch flüsterte er:

»Ihr bin ich der Begleiter. Gefühle nicht erwidert. Ich sehne mich nach ihr. Glaube meine Lügen.«

»Hilfe, Hilfe!«, schrie sie, so laut sie konnte.

»Es täte gut. So gut. Uns beiden. Ein bisschen Beisammensein. Ein Augenblick. Und Ihr wärt mein.«

Ein Schlag traf ihn am Kopf. Das Karnickel sackte in sich zusammen.

Der Riese hielt einen dicken Ast in seinen Händen. Es hatte ein dumpfes Geräusch gegeben, als er damit den Kopf des Karnickels traf, das jetzt bewusstlos am Boden lag. Er musste sich geduckt angeschlichen haben. Im Moment des Schlages hatte er sich zur ganzen Größe aufgerichtet. Er überragte sie gut um das Dreifache.

»Mit so einem Gesindel darfst du dich nicht abgeben«, sagte eine Stimme, die nicht die des Riesen war.

Der Riese trat stumm zur Seite und offenbarte so den Blick auf ein Wort, das eine Kutte in der Farbe von vergilbtem Papier trug. Die Hautschuppen am Kopf waren rötlich braun wie ein Panzerkleid aus Kupfer.

»Weißt du, wer das ist?«, fragte die Echse und deutete auf das am Boden liegende Karnickel.

Das Wort stammelte:

»Scharls Lut..., Lutw..., Lutwidsch Dodschon oder so ähnlich.« Sie schluckte ihre Tränen hinunter.

»Ha, dass ich nicht lache«, sagte die Echse. »Hat er das gesagt?«

»Ja.«

»Charles Lutwidge Dodgson war ein großer Geschichtenerzähler. Er hat die Geschichten von Alice im Wunderland erzählt. Mit dem Karnickel hat er überhaupt nichts gemein.«

Das Wort verstand nicht, wovon er sprach.

»Das Karnickel heißt *Begierde*«, sagte die Echse. »Ich möchte mich bei dir entschuldigen. Wir müssen dafür sorgen, dass solche Worte hier keinen Zutritt haben. Aber du hast das Chaos draußen gesehen. Da passieren Fehler.«

»Ich hätte nicht mit ihm mitgehen dürfen. Das war sehr blauäugig«, sagte das Wort.

Die Echse richtete seinen Blick auf den Riesen.

»*Trotz*, schaff ihn hier fort und sorge dafür, dass er nie wieder einen Schritt nach Sprachen setzt.«

Der Riese nickte und warf das Karnickel mühelos über die Schulter. Dann verschwand er im Tunnelsystem.

»Arbeitest du hier?«, fragte das Wort.

Die Echse schien von der Frage leicht irritiert.

»Ja. Ich möchte mich noch mal entschuldigen. Die Wortspiele sollten etwas Schönes sein.«

Er griff in seine Kutte und fand, was er suchte. In seiner Hand lag ein goldenes Ticket.

»Nimm es. Damit hast du bei den Wortspielen einen hervorragenden Platz.«

Das Wort nahm das Ticket und bedankte sich. »Ich bin schon neugierig, was es mit den Wortspielen auf sich hat.«

»Du warst noch nie bei den Wortspielen?«

»Nein«, antwortete sie.

»Na, dann los. Komm, ich zeige dir, wie es zurückgeht.«

Das Wort folgte ihm durch die Gänge. Nach einiger Zeit trafen sie hier und da wieder vereinzelt auf Worte, die, wenn sie die beiden sahen, sich gegenseitig anstupsten und etwas flüsterten. Die Echse und das Wort ignorierten dies und erreichten bald den Haupttunnel.

»Hier gehst du einfach geradeaus weiter. Du kommst dann von ganz allein zur Platzvergabe. Gib ihnen dein Ticket und genieß den Abend.«

»Wirst du dir die Spiele auch anschauen?«

»Ja, in erster Reihe«, antwortete er schmunzelnd. »Ich wünsche dir viel Spaß!« Damit verschwand er in einem der Nebentunnel.

Das Wort folgte dem langen Haupttunnel, bis sie Türen sah, vor denen sich jeweils kleine Wortgruppen gebildet hatten und darauf warteten, eingelassen zu werden. Das Wort reihte sich ein und wartete, bis sie an der Reihe war. Als sie ihr Ticket vorzeigte, führte sie ein sehr höfliches Wort am Eingang persönlich zu ihrem Platz in dem Saal, wo die Wortspiele stattfinden sollten.

Das Wort saß in einem weichen Ledersessel, vor dem eine Kerze brannte. Die Kerze vor ihrem Sessel war aber nicht die einzige Kerze im Saal. Vor ihren Augen leuchteten eintausend Lichter. Der Saal war riesig. Sie dachte an die Wortströme, die sich durch die Stadt Richtung Zentrum gedrängt hatten. Alle diese Worte sollten hier Platz gefunden haben, und doch waren noch immer zahlreiche Plätze unbesetzt. Der Saal glich einem Amphitheater. Die vorderen Sitzreihen bestanden aus Sesseln, die mehr Platz boten als die einfacheren Sitze, die in den oberen Reihen zur Verfügung standen, doch eins hatten alle Sitzplätze gemein: Vor jedem brannte eine Kerze.

Das Wort machte es sich auf ihrem Sessel bequem, schloss die Augen, ließ sich von der Wärme der Kerzen umschließen und wartete auf die Spiele, die schon bald beginnen sollten.

KAPITEL
SIEBEN

Wortspiele

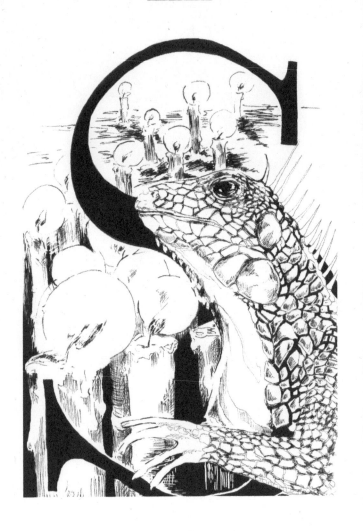

Seitenrascheln. Das Wort öffnete ihre Augen. Die Kerzen im Theater waren erloschen. Neben sich sah sie die Silhouetten anderer Worte, die alle zur Bühne blickten. Eine einzelne Kerze brannte dort. In ihrem Licht stand ein Wort, dessen Kopf von rötlich braunen Schuppen überzogen war. Es war die Echse.

»*Wortgewandt*«, flüsterte eine Stimme neben ihr.

Kurz wurde es unruhig im Saal. Die Echse wartete und sagte dann:

»Jedes Wort kennt eine Geschichte. Erzählungen aus früheren Tagen. Selbst erlebte Abenteuer, frei erdachte Märchen, Anekdoten und Legenden.« Während er sprach, schritt er langsam das Licht der Kerze ab. »Geschichtenerzähler streifen durch das Land. Sie suchen nach Stoffen, die es wert sind, erzählt zu werden. Wenn sie eine solche Geschichte gefunden haben, bringen die Erzähler sie nach Sprachen. Getragene Texte, vorgetragen bei den Wortspielen.« Die Echse machte eine kurze Pause. Die Spannung im Publikum war zum Greifen. »Verehrte Worte, mein Name ist Wortgewandt, und ich begrüße Sie zu den Wortspielen in Sprachen!«

Begeisterung flutete den Saal. Die Worte riefen:

»Spielt! Spielt! Spielt!«

Wortgewandt verließ die Bühne, und ein Albino-Kamel trat hinter die Kerze. Umständlich knickte es die schmalen Vorderbeine ein und deutete so eine Verbeugung an.

»*Die Bleiwüste*«, sagte das Kamel mit sandiger Stimme. »Worte, die in ihren Ausläufern lebten, nannten sie die ›Schwarze Wüste‹. Sie gaben ihr den Namen nicht etwa aufgrund ihrer Farbe. Sicher, sie war schwarz wie das Graphit, aus dem sie bestand. Das war aber nicht der Grund. Die Worte, die es wagten, die Schwarze Wüste zu betreten, wurden nie wieder gesehen. Sie wurde ›Schwarze Wüste‹ genannt, weil sie den Tod brachte.

Trotz ihres abschreckenden Namens machten sich immer wieder furchtlose Worte auf den Weg, die Schwarze Wüste zu durchstreifen. Lange Zeit hielt sich nämlich die Legende, dass inmitten der Wüste ein aus Elfenbein erbautes Schloss stünde. Im Schloss solle ein König ohne Königin leben, der weiße Worte sammelte. Brächte man ihm ein weißes Wort, so würde man vom König geadelt und lebte fortan in Reichtum.« Das Kamel ließ den Blick durchs Publikum schweifen. »Die Legende ist wahr. Im Hofgarten des Schlosses wachsen weiße Lilien, zwischen denen weiße Einhörner grasen und kleine Kohlweißlinge umherfliegen. Geschenke der Worte, die das Schloss erreicht haben.

Über die Jahre geriet die Legende um das Schloss in der Wüste jedoch in Vergessenheit. Traf ein Wort in seinem Königreich ein, lebte es, vom König reich beschenkt, in seinem Hofstaat. Es kehrte kein Wort aus der Wüste zurück, was die Abenteuerlust anderer Worte neu entfacht hätte. So folgten immer weniger Worte dem Ruf der Wüste, und es vergingen manchmal Jahre, bis dem König wieder ein weißes Wort gebracht wurde. Den König beunruhigte das. Seine Sammlung wuchs nicht mehr. Und gleichzeitig ahnte er, dass ihm das weißeste Wort von allen in seiner Sammlung noch fehlte. Er wies seine Diener an, die Lastentiere zu satteln und eine Karawane mit den tapfersten Worten zu bilden, die an seinem Hofstaat zu finden waren. So machten sie sich auf, die schwarzen Graphit-Dünen zu durchqueren, um die in den bleiernen Dünenfeldern verlorengegangenen Worte zu retten. Auf seinem Wüstenschiff, dem Weißesten aller Kamele, ritt der König ihnen voran.

Auf seinen Reisen vergingen erst Wochen, später Monate, bis sie verirrte Worte fanden. Der König brachte dann Schneeeulen mit nach Hause. Oder die Federn von weißen Gänsen. Kehrte er von einer erfolgreichen Reise zurück, war er zufrieden. Er beschenkte den Reisenden, der ihm ein neues weißes Wort gebracht hatte, kümmerte sich um seinen Hofstaat und traf Entscheidungen, die während seiner Abwesenheit unentschieden geblieben waren. Ein paar Wochen hielt dieser Zustand an, bis der König erneut Zweifel bekam. Es musste da draußen doch noch ein Wort geben, das weißer war als alle Worte, die er bisher gesehen hatte.

So vergingen viele Jahre. Der König hatte keine Frau. Er war stets auf Reisen, und seine Gedanken drehten sich ständig nur um die Worte, die er noch sammeln wollte. Der König reiste in immer entferntere Gegenden der Schwarzen Wüste. Monatelang war die Karawane unterwegs, ohne dass sie auf ein neues Wort stießen. Als ein ganzes Jahr zur Neige ging, wurde er unsicher. Er betrachtete die dunklen Dünen, die sich endlos lang vor ihm ausbreiteten, und fühlte sich so einsam wie noch nie zuvor in seinem Leben. Er dachte an seinen Hofstaat, den er auf sich allein gestellt zurückgelassen hatte. Er dachte an die vielen weißen Worte, die er jetzt schon so lange nicht mehr gesehen hatte. Und er dachte an die Königin an seiner Seite, die es bisher nicht gab. Wie hatte er glauben können, immer noch weißere Worte zu finden? Konnte er nicht mit dem zufrieden sein, was ihm die Wüste bisher gegeben hatte? Viele Tage dachte der König darüber nach, bis er schließlich die Entscheidung traf, nach Hause zurückzukehren. Immer wieder fragte er sich, wie seine Untertanen wohl reagieren würden, wenn er ohne ein neues Wort für seine Sammlung zurückkehren würde. Wären sie enttäuscht von ihm? Ein paar Mal ließ er die Karawane doch wieder umdrehen, um seine Suche fortzusetzen, besann sich aber stets eines Besseren.

Als die Karawane nach fast zwei Jahren zum Schloss zurückkehrte, hatte sich sein gesamter Hofstaat versammelt. Sie jubelten der verschollen geglaubten Gruppe des Königs zu. Als der König von seinem Wüstenschiff stieg, mussten sie ihre Blicke von ihm abwenden, bis sich ihre Augen an das weiß gleißende Wort gewöhnt hatten, das mit ihm auf dem Kamel saß. Auf der Heimreise hatte der König die *Weisheit* gefunden, mit der er glücklich bis ans Ende aller Tage in der Schwarzen Wüste lebte.«

Das Kamel verneigte sich ein weiteres Mal umständlich und trat unter stürmischem Applaus von der Bühne. Das Wort war beeindruckt und fragte sich, ob das weiße Kamel das Wüstenschiff war, mit dem der König durch die Bleiwüste gereist war. Wortgewandt trat zurück auf die Bühne. Auch er applaudierte.

»Sehr schön. Wirklich schön«, sagte er, während sich das Publikum wieder beruhigte.

»Verehrte Worte, kommen wir zur Punktevergabe.«

Mit einem Mal entflammte die Kerze vor ihrem Platz wie auch alle anderen Kerzen im Saal.

»Direkt vor Ihnen befindet sich Ihre Platzkerze. Hören Sie die Seiten, müssen Sie eine Entscheidung treffen. Hat Ihnen die Geschichte des Kamels gefallen, lassen Sie Ihre Kerze brennen, ansonsten löschen Sie die Flamme.«

Seitenrascheln war zu hören. Das Wort wusste sofort, dass sie ihre Kerze brennen lassen würde. Wie könnte sie bei einer so schön erzählten Geschichte ihre Kerze auspusten? Gleichwohl gab es einige Worte, die das taten. Auf einer Seite der Bühne zog sich eine große Zahl mühsam den Absatz hinauf. Sie rief:

»82!« Dann verließ sie wieder die Bühne.

»Das sind 82 Punkte für das Kamel!«, sagte Wortgewandt.

Die Kerzen vor den Sitzplätzen der Worte erloschen wieder. Nur die Kerze auf der Bühne brannte noch.

Erzähler um Erzähler stritt um die Gunst des Publikums. Dem Wort kamen alle Geschichten so außergewöhnlich vor, voller Tiefe und Fantasie. Sie genoss es, sich auf ihrem Platz zurückzulehnen und den Erzählungen zu lauschen. Einige machten sie traurig, andere jagten ihr Angst ein, und ein paar wenige waren so schön, dass ihr Tränen vor Rührung in die Augen stiegen. Nach jeder Geschichte war das Rascheln von Seiten zu hören. Das Wort rührte ihre Kerze nicht an. Wer war sie denn, dass sie über die Qualität des Vorgetragenen entscheiden sollte? Es gab Geschichten, die sie nicht im Geringsten verstand, bis sich ihr Sinn ganz plötzlich mit dem allerletzten Wörtchen offenbarte. Und vielleicht war es ja auch genau das Gleiche bei ihr selbst, dachte sie dann. Vielleicht musste sie einfach darauf warten, dass auch ihre

Geschichte zu Ende ging, um zu verstehen, welchen Sinn sie und ihre ganzen Erlebnisse hatten. Andere Erzähler formten die lustigsten Bilder vor ihren Augen. Sie sah dann einen Schwamm, der sich immer, wenn er nervös war, schwammig ausdrückte. Dies hatte zur Folge, dass man den Schwamm nicht nur schwer verstehen konnte, sondern auch, dass die Worte, die mit ihm redeten, stets pitschnass wurden. Die verrücktesten Geschichten wurden erzählt: Märchen von Schnecken, die unendlich weit voneinander entfernt aufeinander zukrochen und sich trotz Unendlichkeit trafen. Geschichten über Frösche und Spiegel, über Uhren und Briefe. Doch eins hatte alles Erzählte gemein: Stets war es fantastisch. Dinge wurden aus einer anderen Perspektive erzählt, so als wollten die Geschichten Altbekanntes in neuem Licht zeigen. So vergingen die Wortspiele. Das Publikum hatte fünf Erzähler ausgewählt, die Weiteres vortrugen, bis nur noch zwei von ihnen übrig waren. Wortgewandt trat auf die Bühne. Die Kerze tauchte sein schuppiges Gesicht in ein Rot und Gelb.

»Verehrte Worte. Es ist so weit. Die Finalisten der Wortspiele Sprachens stehen fest!«

Die Menge applaudierte.

»Kommt heraus und zeigt euch!«

Zwei Erzähler betraten die Bühne. Das Albino-Kamel hatte es geschafft. Neben dem Märchen aus der Schwarzen Wüste hatte es noch eine abstruse Geschichte über eine Oase und eine Uase erzählt. Im Gegensatz zu Oasen, die oberhalb von Wüsten vorkommen, kämen Uasen nur unterhalb von diesen vor. Es seien Tunnel, die von unten auf besonders fruchtbaren Boden stießen, sozusagen auf fruchtbare Decken, in die sich das Kamel auf Reisen gern einwickelte, um so gegen den Hunger gefeit zu sein. Neben dem Kamel trat eine elegant gekleidete Frau auf Wortgewandt zu. Sie trug ein schwarzes Abendkleid mit samtroten Handschuhen. Kerzengerade stand sie auf der Bühne. Ihre Beiträge waren gut gewesen, dachte das Wort. Sie hatte von einem Historiker erzählt, der auf der Suche nach seinen Ahnen einen Stammbaum hinaufgeklettert war, von wo er dann aber nicht mehr herunterkam. Die darauffolgende Geschichte handelte von einem kleinen Prinzen, der Dinge sah, die man nur mit dem Herzen sehen konnte.

»Die *Würde* beginnt«, sagte Wortgewandt und verließ die Bühne.

Alle Augen im Saal richteten sich auf die Frau. Mit samtener Stimme nannte sie den Titel: »*Würde.*«

Ihre Geschichte heißt genau wie sie, dachte das Wort, und lauschte.

»Als junges Mädchen war ich sehr unsicher. Lange Zeit versteckte ich mich hinter Floskeln. Wenn mich ein Erwachsener fragte, was ich gerne tat, antwortete ich schüchtern:

›Ich würde sagen, alles und nichts.‹

Als der erste Junge vor mir stand und fragte, ob ich seine Freundin sein wolle, antwortete ich verlegen:

›Ich würde sagen, vielleicht, vielleicht aber auch nicht.‹

Ich wollte gerne reisen, hatte aber zu große Angst davor, meine Heimat zu verlassen. Ich wollte neue Sprachen lernen, traute mich aber nicht, die fremden Wörtchen auszusprechen. Irgendwann wollte ich lieben, fürchtete mich aber davor, mein Herz an den Falschen zu verschenken.

Und als ich schon längst wusste, dass mir im Leben die Wörtchenmalerei am allermeisten bedeutete, antwortete ich auf die Frage, was ich denn malen würde, immer noch ausweichend:

›Ich würde sagen, dieses und jenes.‹

Die Wörtchen, die ich malte, zeigte ich niemandem. Selbst meine Eltern bekamen sie nicht zu sehen. Die dicke Mappe versteckte ich ganz hinten im Regal. Nur wenn ich sicher war, dass mich niemand stören würde, holte ich sie aus ihrem Versteck hervor. Dann zog ich meine Linien. Anfangs noch einfache Gedichte. Später auch Wortspiele und die ersten Märchen. Dass ich irgendwann hier auf der Bühne stehen würde, ahnte ich damals nicht.«

Die Würde machte eine kurze Pause, blickte in Gedanken versunken in das Licht der brennenden Kerze vor ihr. Dann schaute sie wieder zum Publikum.

»Das Erweckungserlebnis hatte ich viel später. Ich besuchte eine kleine Kunstbühne. Da stand ein Wort im Kerzenlicht, das viel jünger war als ich selbst. Voller Selbstbewusstsein trug es seine Texte vor. Seine Zeilen waren nicht besonders gut, entbehrten jedem Rhythmus. Die Sprachbilder zu unscharf. Der Spannungsbogen verkrümmt. Trotzdem faszinierte mich sein Auftritt. Wie konnte dieses junge Wort von sich selbst so überzeugt sein? Warum war es so mutig? Noch in derselben Nacht zog ich die dicke Mappe aus dem Regal. Der Einband hatte Staub gefangen. Ich betrachtete die Wörtchen, die über die Jahre entstanden waren. Ein paar Texte legte ich nach oben. Ich stellte mir vor, selbst auf einer Bühne zu stehen. Meine Geschichten vorzutragen. Wie würden sie ankommen? Was meine Freunde sagen? Würden sie mich auslachen?

In jener Nacht beschloss ich, nicht mehr bloß im Konjunktiv zu leben. Ich wollte Geschichtenerzählerin werden, es auf einen Versuch ankommen lassen. Und dazu gehörte es, meine Texte mit der Welt zu teilen.

Kurz vor dem Auftritt pochte mein Herz. Alle waren gekommen. Auch meine Eltern waren da. Mit der dicken Mappe in den Händen trat ich auf die kleine Bühne. Zuerst zitterten meine Hände. Doch dann geschah etwas mit mir. Als ich dort im Licht der Kerzen stand und in die erwartungsvollen Gesichter des Publikums schaute, beruhigten sich meine Hände plötzlich. Meine Eltern erkannten mich nicht wieder. Aus ihrer kleinen Tochter, einem schüchternen *würde*, war *die Würde* geworden. Ich begann, meine erste Geschichte zu erzählen.«

Die Würde verneigte sich. Als das Seitenrascheln zu hören war, ließ das Wort ihre Kerze brennen. Die große Zahl zog sich die Bühne hinauf.

»69!«, rief sie.

Wortgewandt betrat die Bühne. »69 Punkte für die Geschichte, die davon erzählt, wie würde zur Würde wurde. Vielen Dank.«

Als Nächstes trat das Albino-Kamel vor, verbeugte sich und spach:

»Einst war ich in den Wüsten des Morgenlandes unterwegs. Unter der brennenden Sonne mitten im Sand sitzend, traf ich auf einen verzweifelten Geschichtenerzähler. Er erzählte mir, dass er vor einiger Zeit in einer Oase sein tausendstes Märchen erzählt hatte. Bei seinem Publikum sei das Märchen gut angekommen. Sie gaben ihm Früchte und Wasser, genug für die Weiterreise. Jetzt falle ihm aber kein neues Märchen mehr ein, und sein Proviant gehe zur Neige. Er traue sich nicht, seinen Fuß in die nächste Oase zu setzen, ohne eine neue Erzählung vorweisen zu können. Was, wenn im Publikum ein Wort säße, das ihm schon begegnet war und seine Märchen bereits kannte?

Ich blieb bei dem armen Erzähler, teilte mit ihm Brot und Wasser. Als die Nacht einbrach und sich die Sterne am klaren Wüstenhimmel zeigten, beschloss ich, dem verzweifelten Wort eine meiner Geschichten zu schenken. ›*Die Schachtel*‹, nannte ich ihm den Titel des Märchens und fing an, zu erzählen:

| ›Wenn man jung ist, ist das Leben reizend. An jeder Ecke stolpert man über Geschichten, deren Hauptrollen man selbst spielen kann, jede Geschichte ein einziges Wunder. Wenn ein Kind über ein Wunder stolpert, steht es sofort wieder auf, denn es weiß ganz genau, dass es ja, sollte es liegen bleiben, eine Menge Wunder verpasste. Als Kind waren die Wunder andere als heute. Sie waren kleiner. Wunder waren so einfach. Wenn man Glück hat, geschehen sie noch heute. Ein Wunder begegnet dir als Märchen, das dir so fantastisch erscheint, dass du nicht mehr weißt, wo das Märchen endet und dein Leben beginnt. Solch ein Wunder geschieht nicht häufig, manchmal gar nicht oder nur ein bisschen. Doch wenn man jung ist, oh Gott, ich sage euch, die Wunder jagen einen. Lasst mich euch eine Geschichte erzählen:

|| ›Es war einmal ein Mädchen, das den Namen Sophie trug. Da Sophie noch ein Kind war, stolperte sie gern über Wunder, und das konnte sie wirklich gut, so gut, dass sie eigentlich überall blaue Flecken haben musste, doch hinterlassen Wunder keine blauen Flecke, sondern ausschließlich kostbare Erinnerungen. Sophie hatte auch einen Bruder, der in der Geschichte eine nicht ganz so große Rolle spielt. Ich erwähne ihn, weil er hilft, eine bestimmte Eigenart Sophies besser zu erklären. Diese Eigenart wohnte nur ihr inne, dem Bruder hingegen war sie fremd. Sophie war ein Mädchen, das Geschichten über alles liebte. In allen Worten, die sie sah,

erspürte sie stets die Geschichte, die hinter dem Wort steckte. Dieses kleine Quäntchen Geschichte, das sie in jedem Wort zu sehen vermochte, ließ Sophie jedes Wort lieben und eben auch jene Worte, die sonst nur selten geliebt wurden. Sie war begeistert von der Welt, drehte sich in ihr und sang für sie ihre schönsten Lieder.

Nun war es so, dass sie und ihr Bruder eines Tages im Schatten eines Baumes saßen. Eine Schlange hatte sich in der Krone des Baumes um einen Ast gewickelt. Als sie jetzt aber die beiden Kinder sah, kroch sie den Stamm des Baumes hinunter.

›Psst‹, sagte die Schlange.

Der Junge erschrak und rannte davon. Obwohl Sophie seine Schwester war, ließ er sie alleine zurück. Sophie aber streckte der Schlange ihre Hand entgegen. Die Schlange schlängelte sich um ihre Hand, dann um ihren Arm, bis sie ihren ganzen Körper umwickelt hatte. Nur Sophies Kopf war noch zu sehen. Ohne Angst blickte sie in das Gesicht der Schlange.

›Psst‹, sagte die Schlange.

›Ja?‹, fragte Sophie.

›Ich will dir eine Geschichte erzählen.‹

›Gern‹, sagte Sophie, da sie Geschichten so sehr liebte. Die Schlange fing an zu erzählen:

||| ›Es war einmal vor vielen Jahren ein kleines Mädchen. Das Mädchen liebte es, in der Natur zu spielen. Oft war es für lange Zeit an der frischen Luft, tollte herum und genoss die Tage. Immer wieder begegnete es neuen Dingen, und so wurde es dem Mädchen in der Natur nie langweilig. An einem Nachmittag ging es wieder aus, um etwas Neues kennenzulernen, und tatsächlich, es hatte Glück. Nach einiger

Zeit des Gehens, des Schauens, des Wartens, des erneuten Gehens, blieb es plötzlich stehen. Das Mädchen stand vor einer langen Zeit. Die Zeit war so lang, dass sie das Mädchen um ein Vielfaches überragte.

›Guten Tag‹, sprach es zur Zeit.

›Von wegen guten Tag. Es ist ein scheußlicher Tag‹, erwiderte die Zeit.

›Aber warum ist der Tag denn so scheußlich?‹, fragte es.

›Nicht nur dieser Tag, alle Tage sind scheußlich und werden immer scheußlicher.‹

›Und warum?‹, fragte das Mädchen.

›Weil ich jeden Tag kürzer werde, bis ich vorbei bin.‹

›Aber du bist doch noch sehr lang‹, versuchte es die Zeit zu trösten.

›Ja‹, sagte die Zeit, ›für dich bin ich noch lang, aber warte mal ein paar Jahre, dann werde ich dir ganz und gar nicht mehr lang vorkommen.‹

›Das verstehe ich nicht‹, gab das Mädchen zurück.

›Ich werde dir eine Geschichte erzählen‹, sagte die Zeit und fing an zu erzählen:

|||| ›*Einst vor vielen Jahren gab es ein Mädchen. Ihr Name war Sophie. Sophie hatte einen Bruder, den sie sehr liebte. Es gab aber nicht nur den Bruder, den Sophie liebte, sondern viele andere Dinge, denn Sophie liebte fast alles, und besonders liebte sie Geschichten. Eines Tages saßen die beiden im Schatten eines Baumes. Eine Schlange hatte es sich im Baum gemütlich gemacht, kam aber, von den beiden Kindern angezogen, heruntergeschlängelt. Sophies Bruder erschrak, als er die Schlange sah. Er rannte davon und ließ seine Schwester allein. Sophie erschrak nicht. Sie streckte der Schlange ihre Hand entgegen und ließ sie ihren Körper umwickeln. Die*

Schlange sagte, sie wolle Sophie eine Geschichte erzählen, und da Sophie Geschichten über alles liebte, hörte sie gespannt zu.

So vergingen die Jahre. Die Schlange erzählte und erzählte, und irgendwie nahm die Geschichte überhaupt kein Ende. Sophie wurde älter, doch sie merkte dies gar nicht. Die Schlange hatte ihren Körper ja eingewickelt, und so konnte sie nicht sehen, wie er allmählich alterte. Als die Schlange ihre Geschichte beendete, kam sie auch selbst zum Ende. Sie starb und verging.

Nach langer Zeit konnte Sophie nun ihren Körper wieder sehen, und sie erschrak, denn sie sah jetzt erst, wie alt sie geworden war. Mühselig stand sie auf und ging, wie es für eine alte Frau üblich ist, sehr langsam zu einem See. Sie beugte sich über die Wasseroberfläche und blickte in das Gesicht der Frau, die sie sein sollte. Da sprach Sophie zu sich selbst:

›Einst, da stand ich vor einer langen Zeit. Über das Alter musste ich nicht nachdenken. Und jetzt habe ich all meine Zeit aus den Augen verloren.‹

Sophie blickte in ihre eigenen Augen, die sich im See spiegelten, und suchte nach diesem einen Quäntchen, das sie gewohnt war, in jedem Ding zu finden, und das sie dieses Ding, was immer es auch war, lieben ließ. Nach diesem Quäntchen suchte sie jetzt in sich selbst, die kleine Geschichte in ihr, die sie lieben könnte, und würde sie auch noch so alt werden. Da sagte das Quäntchen, das sie nach einiger Zeit in ihrem Auge wiederfand:

›Ich möchte dir eine Geschichte erzählen.‹

Sophie war nicht mehr sicher, ob sie noch eine Geschichte hören wollte. Ihr kam es so vor, als hätte sie jede Geschichte, die es in der Welt geben konnte, schon von der Schlange gehört.

›Ist sie denn lang?‹, fragte sie und ergänzte: ›Ich bringe nämlich nicht viel Zeit mit.‹

Das Quäntchen blickte sie noch eine Weile aus ihren Augen heraus an und verschwand dann für immer. Sophie hörte noch, wie es flüsterte:

›Ja«, beendete die Zeit ihre Geschichte. ||||

›Was ist denn aus Sophie geworden?‹, fragte das kleine Mädchen.

Die Zeit schaute das Mädchen jetzt schon ein kleines bisschen kürzer geworden von oben herab an.

›Sophie hatte aufgehört, Geschichten zu lieben. Die Geschichte der Schlange war so lang, dass sie glaubte, es lohnte sich gar nicht mehr, noch irgendeine andere Geschichte zu hören. Selbst ihre eigene Geschichte war ihr egal. Da war ihre Zeit abgelaufen, sie starb wenige Tage später.‹

›Das ist ja eine traurige Geschichte‹, sagte das Mädchen zur Zeit‹, beendete die Schlange ihre Geschichte. |||

Sophie war erstaunt. Wie konnten sie und die Schlange

in der Geschichte vorkommen, die von der Schlange selbst erzählt wurde?

›Habe ich denn jetzt wirklich so lange deiner Geschichte gelauscht?‹, fragte Sophie die Schlange, die sich wunderte, dass die Schlange noch lebte, obwohl doch ihre Geschichte ein Ende gefunden hatte.

›Nein, die Geschichte war doch viel kürzer als die Geschichte, die ich dir in meiner Geschichte erzählt habe‹, antwortete die Schlange. Ihre Umschlingung löste sich, und Sophie konnte ihren eigenen Körper sehen, der noch so jung war wie zuvor.

›Und warum hast du mir die Geschichte dann so erzählt?‹, fragte Sophie.

Die Schlange antwortete:

›Ich wollte dir zeigen, dass du ein bisschen vorsichtiger durch die Welt gehen musst. So manches Mal trifft man im Leben eine Geschichte, die einen einzufangen droht. Dann muss man sich ganz bewusst darüber werden, ob es sich denn lohnt, so tief in sie einzutauchen. Uns ist nicht viel Zeit im Leben gegeben, doch gibt es so viele Geschichten, die wir verfolgen können. Man muss sich ganz genau überlegen, welche Geschichte es denn wert ist, sein Leben mit ihr zu verbringen.‹‹

So seht ihr, wie sich Märchen ganz plötzlich mit dem eigenen Leben verbinden können. Immer wenn man im Leben auf so ein Märchen trifft, ist das Wunder ganz nah. Wir müssen nur die Augen aufmachen.‹

Der Geschichtenerzähler bedankte sich für das Märchen, das ich ihm geschenkt hatte. Er wollte es nicht mehr ›Die Schachtel‹ nennen. Fortan nannte er es ›Das Märchen aus tausendundeiner Nacht‹, und noch viele weitere Märchen sollten diesem folgen«, beendete das Kamel seine Geschichte.

Ausdruckslos wartete es auf die Reaktion des Publikums. Zuerst war es still. Dann klatschten die samtenen Handschuhe der Würde ineinander. Worte stimmten mit ein und klatschten so laut, wie es an diesem Abend noch nicht der Fall gewesen war. Auch das Wort war zufrieden. Beide Titel waren gut gewählt, dachte sie, die Geschichte war wirklich wie eine Schachtel, in mehrere Geschichten verschachtelt und jede musste neu ausgeklappt werden, sodass sich ihr Sinn entfaltete. Das Wort war gerührt. Sie wusste nicht genau, ob sie alles, was die Schlange gesagt hatte, richtig verstanden hatte, doch ihr war so, als seien die Dinge, die sie verstanden hatte, nur für sie persönlich gesagt worden. Wortgewandt erschien auf der Bühne. Auch er klatschte in die schuppigen Hände.

»Danke schön, vielen Dank«, sagte er.

Das Seitenrascheln war zu hören. Die Kerzen vor den Worten entzündeten sich. Das Wort rührte ihre Kerze nicht an und blickte in die Runde. Hier und da verschwanden zwar einzelne Lichter, doch nur die wenigsten Worte löschten ihr Licht. Die Zahl zog sich die Bühne hinauf.

»92!«, rief sie.

»92 Punkte für das Kamel«, sagte Wortgewandt.

Das Kamel wandte sich in alle Richtungen. Es freute sich und verbeugte sich abermals.

»Bevor wir den Sieger der Wortspiele ehren, kommen wir zu einer alten Tradition, die auch dieses Jahr die Wortspiele beschließen soll. Beim nächsten Seitenrascheln werden alle Kerzen ausgehen, selbst hier auf der Bühne«, erklärte Wortgewandt. »Nur eine einzige Kerze im Saal wird entflammen. Jenes Wort aus dem Publikum, vor dem die Kerze brennt, bekommt die Chance, hier auf der Bühne seine eigene Geschichte zu erzählen.«

Dem Wort war mulmig zumute. Sie hoffte, dass sich nicht ausgerechnet ihre Kerze entzünden würde. Dann war das Rascheln von Seiten zu hören. Im Saal wurde es dunkel. Hier und da hörte man zwar noch leises Flüstern, aber zu sehen war nichts. Das Wort schloss ihre Augen. Die Wortspiele hatten ihr gefallen. Sie dachte an die fantastischen Geschichten, an Sophie, die Schlange und das Wüstenschiff. Sie staunte auch darüber, ausgerechnet Wortgewandt im Tunnel begegnet zu sein. In erster Reihe wollte er sich die Wortspiele anschauen, hatte er gesagt. Und jetzt stand er auf der Bühne und war Gastgeber. Dann war das Rascheln wieder zu hören. Das Wort öffnete ihre Augen und erstarrte. Die Kerze vor ihrem Platz brannte.

KAPITEL
ACHT

Das Wort spielt mit

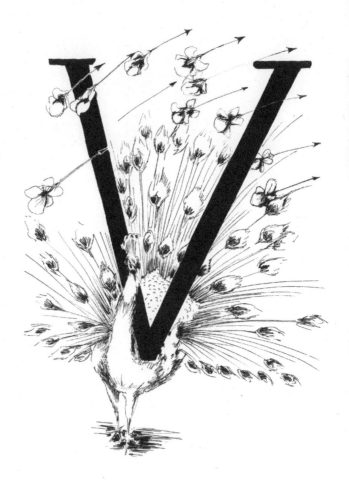

V or ihr brannte die Kerze. Sie brannte. *Sie brannte.* Der Gedanke hallte durch ihren Kopf und strapazierte ihre Buchstaben. Wie war das möglich? Warum gerade sie? Wortgewandt war auf die Ränge getreten und stand jetzt vor ihr.

»Kennst du eine Geschichte?«, flüsterte er, sodass nur sie es hörte.

»Nein«, antwortete sie. »Ich kenne nicht einmal meinen Namen. Ich habe alles vergessen.«

»Ein Mensch?«, fragte Wortgewandt.

»Ja. Ich kann nicht auf die Bühne.«

»Doch, das kannst du. Jedes Wort kennt eine Geschichte.«

»Ich nicht. Hier sind genug Worte. Nimm bitte jemand anderes.«

»Nein«, sagte die Echse. »Ich bin dir das schuldig. Wir gehen auf die Bühne, und dort wirst du uns etwas erzählen, von dem du jetzt noch nicht weißt, dass es in dir steckt. Denke nicht an die Dinge, die du kennst oder die du schon erlebt hast. Dies sind nicht die Dinge, aus denen große Geschichten gemacht sind. Denke dir etwas Neues aus. Benutze die Fantasie. Dann ist es völlig egal, was du vergessen hast.« Er zog sie von ihrem Platz auf. Der Applaus des Publikums vermischte sich mit dem Pochen ihres Herzschlags, als sie gemeinsam in Richtung Bühne schritten.

Das Kamel nickte ihr freundlich zu, als das Wort hinter die Kerze trat. Seitenrascheln war zu hören, das Signal, mit ihrer Geschichte zu beginnen. Im Theater war es jetzt still. Das warme Licht der Kerze fiel auf ihr Gesicht. Das Wort schloss ihre Augen. Sie sollte ihre Fantasie gebrauchen, hatte Wortgewandt gesagt, und sofort musste sie an Verrückt denken. Waren das nicht auch seine Wörtchen? Solange sie Fantasie habe, habe sie auch einen Sinn. Aber wo war die Fantasie zu finden, von der sie sprachen? Zuerst sah sie nichts. Doch dann leuchteten einzelne Wörtchen vor ihr auf. *Tier, Blume, Gespräch, Gefühl, Willen.* Sie wusste nicht, woher die Wörtchen kamen, doch sie ahnte, dass sie der Schlüssel zu ihrer Geschichte waren und die Tür zur Fantasie öffnen konnten. Plötzlich sagte sie etwas und war davon mehr überrascht als irgendwer sonst im Saal.

»*Das Spiel*«, nannte sie den Titel ihrer Geschichte.

Sie wollte etwas Fantastisches erzählen, und schon erschien ein weiteres Wörtchen vor ihrem inneren Auge. *Fliegen.* Sie begann:

»›Ich möchte fliegen!‹, stieß das Mädchen hervor. ›Ich möchte fliegen, auf dem Rücken eines Adlers, auf dem Teppich eines Dschinns. Ich will meine Arme so rasch bewegen, dass ich in den Himmel steige!‹

Das Mädchen rief so laut, dass es auch der Wind hörte. Er wehte hinunter und fragte das Mädchen: ›Warum möchtest du fliegen?‹

›Weil ich einmal ein *V* war‹, antwortete das Mädchen.

Windstille. Der Wind legte sich flach auf seinen Bauch und betrachtete sie. Es war ein reizendes Mädchen, eine leicht gebogene Haltung, zarte grüne Blätter und ein paar blaue Knospen. Wie konnte dieses Mädchen einst ein Pfau gewesen sein, fragte er sich. Das Mädchen sah die Skepsis in seinem Blick.

›Glaubst du mir nicht?‹, fragte es.

Der Wind schüttelte den Kopf. ›Nein. Beweise mir, dass du ein Pfau warst.‹«

Das Wort schmunzelte. Sie musste an Esel denken, der Beweise so liebte. Sie hatte die Kontrolle über ihre Geschichte verloren. So, wie die Worte im Publikum ihr lauschten, belauschte sie sich selbst. Irgendwo in den Tiefen ihres Geistes ahnte sie zwar, wohin die Erzählung gehen könnte, doch wusste sie nicht, ob sie dieses Ziel auch tatsächlich erreichen würde. Alle Fäden mussten ineinandergelegt werden, alle offenen Fragen gelöst. Gespannt auf die eigenen Wörtchen, erzählte sie weiter:

›»Kein Problem‹, sagte das Mädchen und begann zu beweisen. ›Ein V kann nicht fliegen. Stimmst du mir zu?‹

Der Wind nickte. ›Ja, ein Pfau kann nicht fliegen.‹

›Obwohl ein V nicht fliegen kann, hat es zwei wunderschöne Flügel, einen auf der linken und einen auf der rechten Seite, unten treffen sich die beiden. Die Flügel sind ständig in die Höhe gestreckt, weil das V fliegen möchte und es das aber einfach nicht kann. Kannst du mir folgen?‹

›Bisher folge ich dir überall hin‹, sagte der Wind.

›Was bin ich?‹, fragte das Mädchen.

›Ein Mädchen‹, antwortete der Wind.

›Genauer?‹

›Eine Blume‹, versuchte er es erneut.

›Genauer?‹

›Ich weiß es nicht.‹

›Ich bin ein Veilchen. Mit was fange ich an?‹

Der Wind überlegte kurz und antwortete dann:

›Mit einem V.‹

›Du siehst, ich war einmal ein V‹, sagte es und war mit dem Wind sehr zufrieden. ›Was macht ein Veilchen?‹, fragte es weiter.

›Ein Pfeilchen? Ein Pfeilchen fliegt, solang es einen Bogen gibt‹, antwortete er.

›Habe ich einen Bogen?‹

Der Wind nickte. ›Ja, dein Stängel ist sehr krumm.‹

›Ich war also einmal ein V, wollte fliegen, konnte es aber nicht. Heute bin ich ein Veilchen, will fliegen, kann es aber immer noch nicht. Ich will fliegen!‹«

Das Wort rief die Wörtchen des Mädchens dem Publikum im Saal entgegen. Sie hatte mittlerweile vergessen, dass sie bei den Wortspielen war. Sie steckte ganz in ihrer Geschichte, verband das schon Erzählte mit dem noch zu Erzählenden.

»›Warum kannst du es denn immer noch nicht? Du hast einen Bogen, bist ein Pfeilchen.‹

›Ich kann es schon. Ich brauche nur dich, den Wind, der mich trägt.‹

›Ach so‹, sagte der Wind. ›Warum sagst du das nicht gleich, spring auf.‹

Das Mädchen sprang auf und flog vom Wind getragen ins Ziel.«

Das Wort verstummte und genoss den Moment der Stille. Die Geschichte war zu Ende. Sie spürte, dass, selbst wenn sie weitererzählen wollte, ihr dies nicht möglich sein würde. Die Erzählung hatte das Ende selbst bestimmt. Das Wort musste an die Geschichte von der Schlange, der Zeit und Sophie denken, die vom Kamel erzählt worden war. Ein Wunder begegnet dir als Märchen, das dir so fantastisch erscheint, dass du nicht mehr weißt, wo das Märchen endet und dein Leben beginnt. Du musst dann entscheiden, ob es sich lohnt, so tief in die Geschichte einzutauchen. Sie hatte gedacht, das Kamel sprach vom Leben, das einer lang erzählten Geschichte glich und jedem Wort eine andere zuwies. Jetzt hatte sie auch die zweite Bedeutung verstanden. Das Wort war in die von ihr gesprochenen Wörtchen vollkommen eingetaucht. Um sie herum hatte es nichts mehr gegeben außer dem Mädchen und dem Wind, die sich miteinander unterhielten. Die Geschichte wurde für die kurze Dauer des Erzählens zu ihrem Leben. Auch solche Geschichten gab es also. Dann war der Moment vorbei, und die Geräusche kehrten zurück. Das Wort hörte das Rascheln und leises Flüstern im Publikum. Geklatscht wurde nicht. Es war so, als warteten die Worte darauf, dass ihnen jemand sagte, was als Nächstes zu tun sei. Wortgewandt stand unbewegt an seinem Platz und blickte auf das Wort. Dann sagte er in die unruhige Stille:

»Eine schöne Geschichte.«

Das Kamel war das erste Wort, das kompliziert mit seinen Hufen aufeinanderstieß und dabei so etwas Ähnliches wie ein Klatschen erzeugte. Andere Worte stimmten mit ein, bis verhaltener Applaus von den Rängen drang.

Seitenrascheln. Die Kerzen im Saal entzündeten sich, erloschen an vielen Stellen aber auch gleich wieder. Die Zahl, die sich die Bühne hinaufzog, rief: »25!«

Wortgewandt bedankte sich beim Wort und führte sie zurück zu ihrem Platz. »Warte hier auf mich, bis die Spiele vorbei sind«, flüsterte er.

Es folgte die Siegerehrung, bei der das Kamel mit dem goldenen Lorbeerkranz der Stadt Sprachen ausgezeichnet wurde. Nach einer letzten Wüstengeschichte, die das Kamel als Zugabe zum Abschluss erzählte, erklärte Wortgewandt die Spiele für beendet. Die Kerzen im Saal entzündeten sich, und allmählich verließen die Worte das Amphitheater.

»Es hätten mehr Kerzen anbleiben müssen«, sagte die Echse. Das Wort saß neben Wortgewandt im jetzt leeren Theater und sagte nichts. »Deine Geschichte war gut.«

»Und warum haben die Worte dann ihre Kerzen ausgepustet?«, fragte sie.

»Sie begriffen nicht, wie ein bei den Wortspielen völlig unbekanntes Wort eine solche Geschichte erzählen konnte. Sie haben eine Anekdote aus deiner Kindheit erwartet. Oder irgendein oft gehörtes Märchen, das sie schon längst kannten. Deine Erzählung war neu. Es gibt viele Worte, für die nicht die Qualität einer Geschichte entscheidend ist. Für sie zählt nur, wer sie erzählt. Die ach so wichtigen Worte, mit ach so viel Bedeutung. *Hochmut. Beflissenheit. Facettenreichtum.* Sie würden es nicht ertragen, ein Wort ohne Bedeutung gewinnen zu sehen. Mit dem Kamel, dem Wüstenschiff, konnten sie sich arrangieren. Eine schöne Metapher. Aber du? Wofür stehst du?«

Das Wort ignorierte die Frage. »Es war komisch«, sagte sie nachdenklich. »Als ich mit dir auf die Bühne ging, wusste ich noch nichts von dem, was ich erzählen würde. Ich habe versucht, mich an das zu halten, was du gesagt hast. Ich versuchte, die Fantasie in mir zu finden. Plötzlich tauchten Wörtchen vor mir auf. Die Geschichte erzählte sich von ganz allein.«

»Genau so ist es«, erwiderte Wortgewandt. »Als Erzähler musst du dich stets aufs Neue auf die Suche nach der Fantasie machen. Manchmal findest du sie sofort. Oft dauert die Suche sehr lange. Das sind dann quälende Stunden, Tage und Wochen, oder, wie in meinem Fall, Jahre.«

»Jahre?«, fragte das Wort.

»Die Worte kennen mich. Vermutlich kanntest du mich

auch, bevor du ausgesprochen wurdest. Als ich jung war, gewann ich die Wortspiele dreimal in Folge. Keinem Wort vor mir war das jemals gelungen. Ich ging auf die Bühne und erzählte meine Geschichten. Ich musste mich nicht vorbereiten. Die Wörtchen kamen zu mir, wenn ich sie brauchte. Das Tor zur Fantasie stand weit offen. Ein paar Jahre ging das so, bis ich merkte, wie mir das Erzählen immer schwerer fiel. Ich fing an, Teile von alten Geschichten in meinen neuen zu übernehmen. Die Worte merkten es nicht. Als mir aber immer weniger neue Ideen kamen, sagte ich Wortspiele ab. Ich wollte mein Publikum nicht täuschen. Jahrelang sammelte ich Einfälle, bis ich mich traute, wieder auf die Bühne zu gehen. An einem einzigen Abend verbrauchte ich dann sämtliche Ideen, die ich zuvor mühsam zusammengesammelt hatte. Das Gefühl, wieder auf der Bühne zu stehen, war unbeschreiblich. In der Zeit danach jedoch fühlte ich mich leer und verbraucht, ein leeres Wort, zu nichts zu gebrauchen.«

»Das heißt, du sammelst immer noch Ideen?«, fragte sie.

»Nein. Ich habe das Geschichtenerzählen endgültig aufgegeben. Bei den Wortspielen sieht man mich nur noch als Gastgeber. Glaube mir oder nicht, aber ich habe etwas gefunden, was sich genauso gut anfühlt, wie auf der Bühne zu stehen und Geschichten zu erzählen.«

»Was soll das sein?«

Wortgewandt blickte das Wort fest an, zögerte kurz und sagte dann: »Am Morgen kann ich es dir zeigen. Ich kann dir nicht sagen, was es ist. Du würdest mich nicht begleiten. Du brauchst Mut dazu. Gerade du, mehr als jedes andere Wort. Und du musst mir vertrauen.«

Sie begegnete dem Blick der Echse. Vom Ernst seiner Wörtchen überrascht, erwiderte sie: »Ich vertraue dir.«

Noch eine ganze Weile redeten sie miteinander. Wortgewandt erzählte ihr von früher, von den Geschichten, die er vorgetragen hatte, und seinen gefeierten Triumphen. Über die Dinge, die er ihr am nächsten Tag zeigen wollte, sagte keiner von ihnen mehr ein Wörtchen. Die Kerzen im Theater brannten nieder, bis die Dunkelheit die beiden Worte umschloss. Von den fantastischen Geschichten der großen Wortspiele träumend, schlief das Wort tief und fest.

KAPITEL
NEUN

Ein beflügeltes Wort

»Lass uns aufbrechen.« Das Wort öffnete ihre Augen. Für einen kurzen Moment wusste sie nicht, wer da sprach. Dann erkannte sie die Echse. »Wenn wir zu spät ankommen, finde ich den Ausgang nicht. An der Oberfläche muss es noch hell genug sein«, sagte Wortgewandt.

Der Haupttunnel war zwar erleuchtet, bald folgten sie aber schmaleren Abzweigungen, in denen nur noch vereinzelt Kerzen brannten.

»Die Tunnel bilden ein Netz unter der Stadt. Man kommt schnell von Ort zu Ort. Es wird vermutet, dass sie einst zur Flucht vor den Menschen gebaut wurden. Inzwischen geschieht es selten, dass sich Menschen in Sprachen verlieren. Kaum ein Wort kennt sich hier unten noch richtig aus. Es gibt zahlreiche unbeleuchtete Tunnel, von denen einige sogar ganz aus der Stadt hinausführen.«

Das Wort sagte nichts, nickte nur. Sie dachte an das Karnickel, mit dem sie hier unterwegs gewesen war.

»Die letzte Kerze.« Wortgewandt nahm sie von der Wand und trat auf die Dunkelheit zu. Es war ein langer Gang, der dem Wort mit jedem Schritt enger erschien.

»Warum kennst du die Wege hier unten so gut?«, fragte sie ihn.

»Als ich noch an den Wortspielen teilnahm, suchte ich überall nach Ideen, die ich für meine Geschichten verwenden konnte. Das alte Tunnelsystem war perfekt. Viel Potential für Abenteuer und düstere Märchen. Besonders interessant waren die dunklen Tunnel, von denen keiner so genau wusste, wohin sie führten.«

Die Echse blieb stehen. Direkt vor ihnen war ein niedriges Loch in die Felswand geschlagen worden. Wortgewandt deutete darauf.

»Ab hier müssen wir kriechen. Für die Kerze ist kein Platz. Bleib dicht hinter mir.« Er löschte die Flamme und schob sich in das schmale Loch. Das Wort folgte ihm. In völliger Dunkelheit hatte sie Mühe, sich zu orientieren. Lose Steine, die auf ihrem Weg lagen, drückten in ihre Buchstaben. Sie kroch nur langsam voran. Nach einer Weile blieb Wortgewandt vor ihr stehen.

»Hier ist es«, sagte er. »Genau über uns ist der Schacht, der zum Ausgang führt. Siehst du das einfallende Licht?«

»Nein. Ich sehe überhaupt nichts.«

»Doch. Wenn du dich darauf konzentrierst, bemerkst du es. Es ist ein wenig heller geworden.«

Das Wort bildete sich ein, kurz die Silhouette der Echse sehen zu können, doch dieser Eindruck verschwand im nächsten Moment wieder.

»Was jetzt?«, fragte sie.

»Ich werde voranklettern. Wenn ich oben bin, ziehe ich dich hoch. Den ersten Weg musst du allein schaffen. Keil dich zwischen den Wänden ein und drück dich langsam nach oben.«

»Was erwartet mich da oben?«

Kurz blieb die Echse still. Dann antwortete er:

»Es ist nicht alles nur schwarz und weiß. Es gibt Grautöne. Vertrau mir.«

Das Wort kletterte in das schmale Loch und schob sich Stück für Stück nach oben. Er hatte Recht, dachte das Wort, es wurde tatsächlich heller. Durch die Beine der Echse konnte sie die Öffnung sehen, durch die das Licht einfiel. Wortgewandt kletterte hinaus, streckte sich von dort zu ihr herunter und zog sie das letzte Stück hinauf, bis sie wieder festen Boden unter den Versen spürte.

Sie standen auf einer Wiese. Neben ihnen gab es etwa zwanzig weitere Worte, die sich in Paaren an den Händen hielten und ... tanzten. Zusammen mit ihren Partnern drehten sich die Worte um sich selbst, ließen einander los, fanden neue Partner und tanzten weiter. Musik hörte man nicht, aber alle Worte bewegten sich im Gleichtakt.

»Gleich sind wir dran«, sagte Wortgewandt und deutete in die Luft. Dort flatterte ein kleiner Vogel im metallisch-grünen Federkleid. Sein langer, spitzer Schnabel war genauso blau wie seine glänzende Kehle. Der Schlag seiner Flügel war so schnell, dass man durch sie hindurchsah. Mit tiefschwarzen Augen blickte er auf das Wort und die Echse hinab.

Hitze breitete sich in ihrem Körper aus. Das Wort spürte ein Pochen in ihrer Brust. Bum. Bumbum. Bum. Bumbum. Es pochte im Rhythmus der Auf- und Abbewegungen der Flügel. Das Verlangen, endlich zu tanzen, übermannte sie, und sie begann, sich im Takt der Flügel zu bewegen. Hände ergriffen ihre, ließen sie wieder los. Ab und an begegnete sie Wortgewandt, tanzte ein paar Schritte mit ihm, und wechselte dann zum nächsten Partner. Jeder ihrer Schritte war wie geführt. Sie musste nichts tun, sich lediglich der Bewegung hingeben. Die Gruppe bewegte sich jetzt auf eine kleine Anhöhe auf der anderen Seite des Tals zu. Irgendwo in ihrem Gedächtnis regte sich eine Erinnerung. Ihr Blick ruhte auf der Anhöhe. Sie hatte die Szene schon einmal erlebt. Sie wusste, was da auf der Anhöhe stand. Sie wusste, dass die beiden Geschöpfe, die da kerzengerade aufragten, Stimmbänder waren und dass, würde sie nichts unternehmen, es eine Katastrophe geben würde.

»Lauft!«, schrie sie und ließ ihren Tanzpartner unverhofft los, der dadurch vornüber zu Boden fiel. Ein paar Worte gerieten aus dem Takt, fingen sich aber wieder und tanzten weiter, als wäre nichts geschehen. »Oh Gott, lauft doch!« Als sie merkte, dass die Worte nicht reagierten, wandte sie sich selbst von der Gruppe ab, um zurück in den Tunnel zu fliehen. In diesem Moment kam der kleine Vogel direkt vor sie geflogen. Das Wort blieb abrupt stehen. Seine schwarzen Augen fixierten sie. Sie wollte davonlaufen, aber ihr Körper gehorchte ihr nicht mehr. Der kleine Vogel hatte die Kontrolle übernommen. Er führte sie zurück in die Gruppe, genauso wie er sie zuvor während des Tanzes geführt hatte. Wortgewandt war neben ihr. Die Stimmbänder ragten direkt vor ihnen auf. Dann sprangen die ersten Worte zwischen die Bänder und verschwanden. Die Echse ergriff ihre Hand.

»Du musst keine Angst haben«, sagte er. Tränen stiegen ihr in die Augen, als sie den Schlund sah, der sich vor ihr zwischen den Bändern auftat. Dann sprang auch sie.

Als sie wieder erwachte, hörte sie Musik. Sie lag in einem Mohnblumenfeld und blickte auf die Wolken, die über ihr am Himmel vorbeizogen. Violinen spielten. Die Wolken nahmen die verschiedensten Formen an. Eine sah aus wie ein Buch, eine andere zeigte eine Feder. Da war eine dritte Wolke, die genauso aussah wie Wortgewandt. Das Wort spürte, wie sie vom Boden abhob. Glocken- und Flötenspiel erklangen. Sie war jetzt selbst eine Wolke, schwebte zusammen mit dem Buch, der Feder und Wortgewandt durch die Luft. Die Musik wurde lauter, und noch mehr Wolken stiegen auf. Dann hörte das Wort sie singen. Eine vielstimmige Melodie. Betonte Silben. Immer wenn ein Wort seinen Namen sang, verschwand eine Wolke vom Himmel. Das Wort spürte, dass es jetzt auch für sie an der Zeit war zu singen. Sie öffnete ihren Mund und wusste, dass es ihr Name war, der aufstieg. Sie verstand ihn nicht, hörte nur die Hörner, Violinen und das Musikstück, an dessen Entstehung sie teilhatte. Dann löste sich die Wolke auf, zu der sie geworden war.

Das Wort erwachte und fand sich erneut in dem Tal wieder, von welchem aus sie zwischen die Bänder gesprungen war. Sie blickte zum Vogel auf, der vor ihr in der Luft stand und die tanzenden Worte mit seinem Flügelschlag dirigierte. Das Wort flüsterte ihm zu:

»Wer bist du?«
»Hat es dir gefallen?«, antwortete der Vogel.
»Wer bist du?«
»Ich bin *Gesang*. Hat es dir gefallen?«
»Ja«, sagte sie, »sehr. Was war das?«
»Du bist gesungen worden«, antwortete der Gesang und blickte kurz in Richtung der Stimmbänder.
»Aber wie kann das sein?«, fragte das Wort. »Warum tat es nicht weh? Warum war es so schön?«
»Wenn ein Mensch singt, wirklich singt, dann muss er Worte nicht dazu zwingen, ihren Namen preiszugeben. Die Worte kommen aus tiefstem Herzen. Sie singen von ganz allein den Namen, den sie in sich tragen.«
»An was für einem Ort war ich da?«, fragte sie.
»Du warst in der Fantasie eines Menschen. Genau das, was er gesehen hat, hast auch du gesehen. War es schön?«
»Ja, das war es«, antwortete sie.

Auch wenn das Wort die Musik nicht mehr hören konnte, war der Gesang auf eine gewisse Art und Weise immer noch gegenwärtig. Die Worte im Tal bewegten sich in Kreisen und Schleifen, hielten sich an den Händen, stießen sich wieder ab. Es war ein stummer Gesang, der durch ihren Tanz über dem Tal aufstieg. Das Wort reihte sich ein und ließ sich vom kleinen Vogel führen. Sie sprang erneut in die Öffnung, die sich zwischen den Bändern auftat, fand sich in der Fantasie des Menschen wieder, wurde Teil seines Liedes, tauchte wieder auf und tanzte weiter. Als die Sonne die umliegenden Hügel berührte und das Tal in roter Abenddämmerung versank, blieb das Wort unvermittelt stehen. Die Stimmbänder waren verschlossen.

»Habe ich dir zu viel versprochen?«

Sie drehte sich um und blickte in das schuppige Gesicht von Wortgewandt. Sie trat einen Schritt nach vorn und umarmte ihn. »Es war toll!«

»Ich konnte es dir vorher nicht sagen. Ich wusste ja, dass du von einem Menschen ausgesprochen wurdest.«

»Ich wäre nicht mitgekommen, hätte ich es gewusst.«

Gemeinsam gingen sie durch das im Halbdunkel liegende Tal. Einige Worte saßen auf dem Boden und unterhielten sich leise, andere dösten aneinandergelehnt vor sich hin oder lagen eingerollt im Gras und schliefen bereits.

»Warum haben sich die Stimmbänder wieder geschlossen?«, fragte das Wort.

»Der Mensch hat aufgehört zu singen. Wir können nur abwarten, bis es wieder so weit ist.«

»Wie lange wird das dauern?«

»Manchmal dauert es Tage. Es ist sehr unregelmäßig«, antwortete die Echse. »Es war ein langer Tag, lass uns jetzt schlafen gehen. Vielleicht stehen die Bänder morgen schon wieder offen.«

Das Wort wünschte der Echse eine gute Nacht, ging selbst aber noch ein Stück weiter durch das Tal und hing ihren eigenen Gedanken nach. Sie fragte sich, wer dieser Mensch wohl sein mochte, der sie gesungen hatte. Die Anhöhe, auf der die geschlossenen Bänder standen, war jetzt fast vollständig von Dunkelheit umhüllt. Nur der Schein des Mondes ließ sie den kleinen Vogel vor der Anhöhe im Gras hocken sehen. Gesang hob den Kopf und blickte sie aus seinen schwarzen Augen an. Dann sagte er:

»In vergangenen Tagen gab es zahlreiche Stimmbänder auf diesem Hügel. Sie warteten auf die richtigen Worte.«

»Was ist passiert?«, fragte das Wort.

»Von vielen haben wir uns verabschieden müssen. Die Menschen haben sich verändert. Sie bringen nicht mehr die Geduld auf, auf Worte zu warten. Die Menschen fingen an, uns zu drängen, uns Bedeutung zu geben, die uns gar nicht zustand. Sie sprachen uns aus, wenn es besser gewesen wäre, zu schweigen. Viele Worte wurden falsch betont. Mit Gesang hatte das nichts mehr zu tun. Und die Worte fingen an, sich vor den Menschen zu fürchten.«

Das Wort lauschte dem kleinen Vogel.

»Wenn ein Mensch dich zur rechten Zeit ausspricht, ist es wie Magie. Seine Worte bekommen einen tieferen Sinn. Jedes Wort birgt einen Schatz in sich. Wenn du im richtigen Moment ausgesprochen wirst, tritt dieser Schatz zum Vorschein. Spricht ein Mensch dich aber zur falschen Zeit aus, zu spät oder zu früh, oder meint er nicht das, was er sagt, verfehlen seine Worte ihren Sinn, und es kann passieren, dass du selbst dabei deinen Sinn verlierst.

Hast du jemals das Gefühl gehabt, zu sprechen, obwohl es so schien, nicht der rechte Moment dafür zu sein?«

»Ja«, antwortete sie.

»Achte auf dieses Gefühl. Die meisten Worte mögen es nicht glauben, aber auch Wörtchen sollten von uns nicht grundlos ausgesprochen werden.«

Als das Wort zur Echse zurückkehrte, schlief Wortgewandt bereits. Sie hätte sich gern noch mit anderen Worten über den Gesang unterhalten. Aber sie spürte, dass es jetzt nicht der rechte Zeitpunkt war, darüber zu reden. Und dieses Mal gab sie, an die Wörtchen denkend, ihrem Gefühl nach. So legte sie sich bald selbst ins Gras und fiel in einen tiefen Schlaf ohne Träume.

»Bist du wach?«, fragte eine Stimme neben ihr.

Das Wort kämpfte noch mit dem Schlaf. Sie blinzelte. Wortgewandt stand neben ihr und streckte ihr einen Arm hin. Sie ergriff ihn und ließ sich von ihm hochziehen. Ihr erster Blick galt den Stimmbändern. Sie waren offen. Worte sprangen bereits zwischen die Bänder. Der Gesang flatterte in der Luft. Er schlug mit den Flügeln und dirigierte die Worte.

»Darf ich um einen Tanz bitten?«, fragte die Echse.

Das Herz des Wortes pochte. Zusammen mit Wortgewandt trat sie in die Gruppe der Tanzenden und begann, sich im Rhythmus der schlagenden Flügel zu bewegen. Als sie die Anhöhe erreichten, auf der die beiden Stimmbänder kerzengerade standen, empfand das Wort keine Angst mehr. Im Gegenteil, sie freute sich darauf, in die Fantasie des Menschen eintauchen zu dürfen. Was würde sie diesmal sehen? Freiwillig sprang sie zwischen die Bänder.

So verging die Zeit, und mit jedem Tag, den das Wort

in dem Tal verbrachte, machte sie sich weniger Gedanken darüber, welchen Namen sie trug und was sie für ein Leben geführt hatte, bevor sie ihre Erinnerung verlor. Diese Sorgen waren dem Gefühl gewichen, einen Platz in der Welt gefunden zu haben, der sie glücklich machte. Sie dachte auch nicht an die Zukunft, an den Weg, der noch vor ihr liegen könnte. Jetzt war sie glücklich. Und das war alles, was für sie zählte.

Ohne es zu merken, war dem Wort genau das geschehen, vor dem die Schlange in der Erzählung bei den Wortspielen gewarnt hatte: Das Wort war in eine Geschichte geraten, die sie einzufangen drohte. Die Geschichte vom Gesang, an der sie mittlerweile Anteil hatte, wurde immer länger. Zwei Dinge ahnte sie dabei nicht: Das eine war, dass sie sich mit jedem Tag, den sie vor sich hin tanzend verbrachte, immer weiter von ihrem eigentlichen Sinn entfernte, und das zweite, viel akutere war, dass es da jemanden gab, der bereits daran arbeitete, ihre Geschichte zu ändern, und sie sich dadurch in großer Gefahr befand.

An einem anderen Ort der Welt der Sprache hatten zwei Wesen eine Brücke überquert. Der Geruch des Wortes, das sie verfolgten, war verflogen. Sie zögerten einen Moment, reichten sich die Hände und berieten sich anscheinend. Dann setzten sie sich wieder in Bewegung. Tagelang durchstreiften sie das Land, ohne die Spur vom Wort wiederzufinden, das sie suchten. Auf einem Hügel vor einer grauen Stadt kamen sie zum Stehen. Eines der Wesen griff in den Boden, das andere roch an der Hand. Für diesen Geruch waren sie erschaffen worden. Es war ein sinnloser Geruch. Nur ein Wort, das völlig bedeutungslos war, konnte so durchdringend nach nichts riechen. Sie reichten sich die Hände und waren anscheinend einer

Meinung, da sie sich daraufhin wieder in Bewegung setzten. Die Klammern hatten Witterung aufgenommen.

An einer Stelle im Tal schob sich eine Gestalt aus einem Loch im Boden. Es war Nacht, fast alle Worte schliefen, und so sah niemand von ihnen, wie sich nach kurzer Zeit eine zweite Gestalt aus dem Loch erhob. Nur der Gesang flog noch über dem Tal und sah, was geschah.

»Klammern!«, rief er und stürzte nach unten auf die beiden Wesen zu. Dann rief er wieder: »Klammern!«

Worte schreckten aus ihrem Schlaf hoch und flohen, als sie sahen, um was der Gesang da flatterte. Der kleine Vogel versuchte, die beiden Klammern auseinanderzutreiben. Er pickte mit dem spitzen Schnabel und rief immer wieder: »Lauft! Lauft!« Für das Wort kamen die Rufe zu spät. Gelähmt stand sie da, befahl ihren Silben, sich endlich zu bewegen, aber es geschah nichts. Eins der Wesen stand genau vor ihr. Der Gesang kreiste über ihrem Kopf. »So renn doch!« Das Wort drehte sich um. Hinter ihr stand die zweite Klammer. Von beiden Seiten kamen sie auf sie zu.

...

Das Wort schrie vor Angst, doch niemand konnte ihre Rufe mehr hören. Die Klammern hatten sich bereits die Hände gereicht. Sie standen so dicht beieinander, dass ihre Leiber zu Wänden wurden. Ein so grelles Weiß umgab sie, dass es brannte. Sie schloss die Augen und schlug mit den Fäusten gegen die Wände.

Die beiden Klammern setzten sich in Bewegung. Auch Wortgewandt war aufgesprungen. Viel zu spät realisierte er, was geschehen war. Er sah den kleinen Vogel, wie er versuchte, auf die Klammern einzupicken, die sich völlig unbeeindruckt an den Händen hielten und sich immer weiter vom Tal entfernten. Die Echse blieb allein zurück.

Das Wort wurde durchgeschüttelt. Inmitten der Klammern von der Welt abgeschnitten, schrie sie: »Lasst mich raus! Lasst mich raus hier!«

»Dein Schreien bringt dir nichts, bringt dir nichts, bringt dir nichts ...«, hallte ein schepperndes Echo als Antwort von Wand zu Wand. »Nichts dringt nach außen, außen, außen ...

Bringt dir nichts, bringt dir nichts, bringt dir nichts ...«

Das Wort hielt sich die Ohren zu, doch das Echo wurde lauter. »Nach Babel, Babel, Babel ... Bringt dir nichts, bringt dir nichts ... Außen, außen, außen ...« Von allen Seiten stürzten die Echos auf das Wort ein. »Sinnlose Worte, Worte, Worte ... Nach Babel, Babel, Babel ... Sinnlos, sinnlos, sinnlos.«

Das Wort hielt es nicht mehr aus. Sie hämmerte gegen die Wände, ihre Augen immer noch geschlossen. »Lasst mich raus!«, rief sie.

»Bringt dir nichts, bringt dir nichts, bringt dir nichts ...«

»Aufhören! Bitte! Hört auf!« Sie öffnete die Augen und blickte in das Weiß, das sie so grell blendete, dass sie augenblicklich zu Boden fiel.

»Sinnlos, sinnlos, sinnlos ...«, hallte es auf sie ein.

Völlig erschöpft lag sie am Boden. Ihr Kopf dröhnte, bis ihr Körper schließlich nachgab und sie in einen komatösen Schlaf fallen ließ.

Als die Klammern endlich stehen blieben, war die Nacht verschwunden. Seltsamerweise fehlte an dem Ort, an dem die Klammern hielten, nicht nur die Nacht. Auch den Tag gab es nicht, und überhaupt fehlte hier alles, was man hätte begreifen können. Es gab keine Bäume, keinen Himmel, und es gab nicht einmal einen Platz, auf dem man hätte stehen können. Der Ort ergab keinen Sinn, und doch hatten die Klammern ihn erreicht. Sie lösten ihre Hände. Das Wort fiel auf den Boden, den es nicht gab. Langsam öffnete sie ihre Augen. Das Weiß war verschwunden. Nichts blendete sie mehr. Sie konnte sehen, doch was sie sah, konnte sie nicht verstehen.

»Dein neues Zuhause. Babel, die Müllhalde unserer Welt.

Riechst du es?« Das Wort roch überhaupt nichts. »Es stinkt nach nichts. Ein Ort voll sinnloser Worte. Die Welt braucht euch nicht.«

»Seid still!«, rief das Wort. »Ich habe einen Sinn!«

»Hast du wirklich geglaubt, der Gesang könnte dir Bedeutung geben? Was war denn dein Beitrag? Was hast *du* mit Gesang zu tun? Du hast deine Bedeutung schon vor langer Zeit verloren.«

Mit diesen Wörtchen verschwanden die Klammern und ließen das Wort allein zurück. Sie hockte auf einem nicht existenten Boden und vergoss Tränen, die es nicht gab. Was war, wenn die Klammern Recht hatten? Dann mischte sich eine zweite Angst dazu. Sie ließ den Blick über den Ort schweifen, den die Klammern *Babel* genannt hatten. Aber sie sah keinen Ort. Und sie sah auch keine Worte. Sie begriff, dass es kein einziges Wort um sie herum gab, das sie verstand.

KAPITEL
ZEHN

Babel

Hic öels inem Srceperevhn nie. Hic rwa gzzianw Hjear lta, sal hic rim ads Srceperevhn hanbam, sedsei Cuhb uz bseicnrhe ... *Konzentrier Dich!* ... Öwfzl Heajr ath se aderguet, ibs eid Sciceteghh os rwa, sdsa hic ise üfr hmci lßbchasieen ntknoe ... *Konzentrier Dich!* ... Zetjt ist ise ufa cish linael letgetsl. Hic dreew inke Rowt hmre neränd dun rih cuha inkese hmre fihnenzüug ... *Wach auf!* ... Hic kndae rid, belei Sciceteghh.

Dnan gleang es. Ncoh imemr wraen die Wrote um sie hreum vrefromt, dcoh anhte sie jtezt irhe Bdeeutnug. Ein kruezr Mmoent der Kalrhiet. Dnan wieedr Uvnerstnädins. *Konzentrier Dich!* Die Wröchten etngiltetn ihr. Sie wlotle nchit dneken. Sie wlotle scih nideerleegn. Nchit eixsteiern. Da wraen kneie Gfeülhe, kneie Treaur, kien Gülck, acuh kneie Wnücshe, kien eizniegs Zeil. Sie sutche nitchs mher. Tuab strrate sie in ihr eiegens lbeloses Ich. Nitchs bweegte scih. Es gab kneie Bdeeutnug. Nitchs htate jmelas einen Snin ergbeen. *Konzentrier Dich!*, flckarete es. Sie strarte tieefr in scih hniein, druchbarch das Heir und Jtezt und sah für enien Aguenblick irhe eginee Gecshitche. Sie sah enien Vgoel, der mit seienm Fülglesclhag Wotre diirgietre. Sie tnazte mit den adneern Wroten und war gülckilch. Heir wlolte sie beilebn. Deis htäte das Edne sien knönen. Sie lag mit den Wroten auf der Wsiee. Irhe Auegn wraen gecshlosesn, und sie woltle shclfaen ... *Konzentrier dich!*, ershcieenn die Wröchten enreut. Der Gsenag bilctke sie aus sneien shcwrazen Aguen an. Jeeds Wrot brigt einen Shctaz in scih, htate er gsegat. Dnan sah sie die Kalmrmen vor scih. Hsat du wrilklich gelgaubt, der Gesnag knötne dir Bdeeutnug geebn? Das Blid wnadetle sich. Jtezt stnad sie vor einenm unbehuaeenn Stien in eienm Gatren vlloer Sttauen. Dchiteirn und Dneker wraen da. Der zeiwte

Stien smybloisriet das Edne, htate die Dchiteirn gesgat. Das Edne ist bei dir aebr ncoh vlölig ofefn. Die bdeien wnitken ihr zum Abcsheid. Das Wrot blictke ncoh tieefr. Sie stnad auf Esles Bürcke. Vrerükct und Eesl htate sie zuürkcgelsasen. Abcsheid, imemr wdieer Abcsheid. Sie sah das Stnuedngals. *Konzentrier Dich!* Und für enie Skeudne war alels kalr. Sie sah ein Huas, gbeaut wie ein Bcuh, und irhe Eltern wniketn ihr zu. Dnnn war die Skeudne vroebi. Dckier Nbeel brteitee scih enruet in ihr aus und verdcktee die Erninernug, die ihr so veil bdeeuette, brag sie dcoh den Snin, den sie vrelroen htate. Ihn zu suechn, da war sie scih nun siechr, war irhe Afugbae.

Die Bilder vor ihren Augen verschwanden. Sie lag in Babel, konnte die Worte um sie herum zwar verstehen, doch sie standen außerhalb jedes Zusammenhangs. Die Worte waren beziehungslos im Raum verteilt und fügten sich zu keinem klaren Bild.

Das war knapp, flackerte es vor ihr auf.

»W...?«, wollte das Wort fragen, als erneut Wörtchen vor ihren Augen erschienen.

Ahh! Sshsshsshhhhhhhhhhhhhhhhhhhh! Du darfst nicht reden. Sei vorsichtig!

Das Wort verstummte.

Du weißt, dass du dich in Babel befindest. Aber was weißt du über Babel? Die Klammern haben dir sicher gesagt: Babel, die Müllhalde der Welt. Tausende sinnlose Worte. Uhhhaaa. Sie haben dir nicht alles gesagt.

Das Wort lauschte der Stimme, die ohne Töne auskam und die es nur in ihrem Kopf gab.

Babel ist nicht nur ein Ort. Babel ist auch ein Wort. Bisher ein sinnloses Wort, so wie alle Worte in Babel bisher sinnlos waren. Dies ändert sich aber gerade. Du änderst es.

»I...?«

Worte kommen nicht einfach so zur Welt. Sie werden zur Sprache gebracht. Ein Mensch muss sie zur Sprache bringen. Dies geschieht durch eine Geschichte, die er erzählt. Sie kann ganz kurz sein, manchmal reicht ein einziger Satz, oder sie ist so lang wie ein Buch. Wichtig ist, dass sich der Mensch beim Erzählen auf die Suche nach den richtigen Worten macht. Wird der Mensch fündig, kann das Wort entstehen.

In Babel befinden sich all die Worte, deren Geschichten nicht mehr erzählt werden, oder die sich, wie in deinem Fall, nicht mehr an ihre Geschichte erinnern. Ohne Geschichte steht ein Wort für sich allein und ergibt keinen Sinn mehr.

Sie vernahm die Wörtchen und verzichtete darauf, die Fragen zu stellen, die sich in ihr regten.

Aber was ist mit Babel selbst? Babel befindet sich in Babel. Seine Geschichte müsste vergessen sein. Doch sie ist es nicht! Wir erzählen sie dir gerade. Ein Widerspruch? Nein! Denn Babel ist Teil deiner Geschichte, und deine wird soeben erst erzählt.

Jetzt kommen wir Wörtchen ins Spiel. Nur mit uns konnten sich die Worte gegenseitig die Abenteuer erzählen, auf die sie von den Menschen geschickt worden waren. Immer wenn ein Wort einem anderen seine Geschichte erzählte, erzählte er sie durch uns. Im Anfang war das Wort, ja, aber auch die Wörtchen. Jede Geschichte, jedes Abenteuer, das ein Einzelner von euch bestritten hat, ist uns bekannt. Doch uns ist ebenso bewusst, dass wir selbst nie Teil einer eigenen Geschichte waren. So wurde Babel auch unser Ort. Hier lebten wir. Ein Ort der vergessenen Geschichten, aber auch der noch nie erzählten. Bis heute. Denn in deiner Geschichte kommen wir vor. In ihr sollen wir dich mit Babel bekanntmachen. Dir erklären, dass der Ort nicht so sinnlos ist, wie er erscheint. Siehst du ihn schon?

»W...?«, wollte sie fragen, doch gaben die Wörtchen ihr bereits Antwort: *Babel.*

Das Wort schaute sich um, und tatsächlich fing sie an zu verstehen. Die Worte, die zuvor zusammenhanglos im Raum gestanden hatten, bildeten ein Muster. Immer deutlicher wurde das Bild, das sich vor ihren Augen wie ein Mosaik zusammenfügte. Dann sah sie den Ort, an dem sie sich befand:

Der Himmel über ihr war von glühenden Wolken bedeckt. Das Wort stand in der braunen Erde eines sich durch hohe Müllberge schlängelnden Pfades. Hier und dort hatten sich ölige Pfützen gebildet, in denen bunte Schlieren wie schmelzende Regenbögen verliefen. Es war kalt. Die Gerüche von Unrat, Schimmel und Verbranntem waren ineinandergelaufen und lagen wie ein grünbrauner Film auf dem Land.

Los, frag es.

Das Wort verstand nicht.

»W...?«

Frag das Wort! Frag Babel.

»W...?«

Frag ihn, welche Rolle er in deiner Geschichte spielt.

»B...«

Lauter!

»B...«

Lauter!

In Babel stehend, eingeschlossen von Müllbergen, rief das Wort:

»Baaaabel! Baaaabel!« Ihre Stimme hallte über die Hügel.

Der Pfad, auf dem sie stand, vibrierte. Das Wort fiel auf

den Boden. Die Müllberge verschoben sich, verschmolzen ineinander. Zwei graue Löcher taten sich in dem Gebilde vor ihr auf und blickten genau auf die Stelle, an der das Wort noch immer lag. Unter lautem Stöhnen öffnete sich ein Mund, der zu ihr sagte: »Was willst du?«

Der Boden bebte immer noch. Das Wort kämpfte sich auf die Beine.

»Die Wörtchen behaupten, du hättest eine Geschichte zu erzählen?«

Lawinen aus Müll rollten den Berg hinab, verebbten und wurden wieder Teil des Geschöpfes, das vor ihr stand.

»Nein!«, antwortete Babel.

Nein?

»Warum nicht?«, fragte das Wort.

»Nach all der Zeit. Tausende Worte nahm ich in mir auf. All ihre Geschichten waren in Vergessenheit geraten. Endlich bin *ich* Teil einer Geschichte. In diesem Moment.«

»Erzähl sie mir, Babel. Erzähl mir die Geschichte«, sagte das Wort.

»Wenn ich sie euch jetzt erzähle, wird auch meine Geschichte in Vergessenheit geraten. So wie bei all den anderen Worten.«

Es ist nicht mehr bloß deine Geschichte! Es ist auch unsere Geschichte. Wir haben alle einen kleinen Teil in ihr. Jeder von uns kann nur die Rolle annehmen, die ihm darin zugedacht wurde, und hoffen, dass, wenn die Geschichte richtig erzählt wird, sie nicht in Vergessenheit gerät.

»Hoffnung? Ist das alles?«, fragte Babel.

Etwas anderes bleibt uns nicht.

Die Gesichtszüge, die sich in dem Gebilde vor ihr abzeichneten, verloren etwas von ihrer Härte. Babel nickte. »Gut.«

Dann fing er an, zu erzählen:

»Es war einmal in einem Land jenseits unserer Vorstellungskraft ein Wort, das Babel hieß. Und auch das Land hieß Babel. Es gab keine Gesetzmäßigkeiten, keine Regeln und keine Ordnung. Es war schlichtweg ein Ort, den man nicht verstand. Wie jeder Ort bestand auch Babel aus Worten. Die Worte fügten sich aber zu keinem Bild zusammen. Es waren zu viele Worte, die ungeordnet Chaos verursachten. So blieb Babel ein unverständlicher Ort voll von brachliegender Sprache, der wohl niemals für jemanden von Interesse gewesen wäre, hätte sich nicht ein Mensch in Babel niedergelassen. Inmitten des Chaos hatte sich der Mensch eine Hütte gebaut. Er saß an seinem Tisch, blickte ab und zu durch das Fenster in die Ferne, ließ jedoch die Feder in seiner Hand nicht ruhen. In den Wirren Babels inmitten der Tausenden von Worten, die schon längst zu keiner Geschichte mehr gehörten, schrieb dieser Mensch eine Geschichte.

In ihrem Mittelpunkt steht ein junges Wort, das ihren Sinn verloren glaubt. Sie macht sich auf eine lange Reise, auf der sie ihre Welt verstehen lernt. Ihren Sinn findet sie nicht. Sie erreicht Babel, ausgerechnet den Ort, der wohl von allen Orten der sinnloseste ist. Doch sie irrt sich. Als sie anfängt, Babel zu verstehen, begreift sie, dass ihre eigene Geschichte bei ihm ihren Ursprung nahm. Babels Geschichte ist nicht Babels Geschichte. Es ist ihre Geschichte, ihre gemeinsame Geschichte. Babel zeigt ihr die Hütte, in der ein Mensch ihre Geschichte schreibt. Dort klopft das Wort an ...«

Babel hat seine Rolle erfüllt. Genau wie wir unsere. Deine Geschichte ist noch nicht zu Ende. Wir wissen nicht, wie sie ausgeht. Noch kein Wort hat sie einem anderen erzählt. Hab keine Angst vor dem Ende. Der Weg dorthin ist das Entschei-

dende. Das Ende selbst ist gar nicht mehr so wichtig. Und vergiss nicht: Wann immer du in Zukunft einem Wort deine Geschichte erzählst, warte darauf, dass die richtigen Wörtchen zu dir kommen. Zwing uns nicht. Wenn du im rechten Moment das Richtige sagst, ist es wie Magie.

Hatte Gesang nicht etwas Ähnliches über die Menschen gesagt? Die Erde bebte. Babel fiel in sich zusammen. Die Müllberge drängten nach außen und gaben einen schmalen Weg frei. Es stank noch immer, doch das Wort verschwendete keinen Gedanken daran. Der Weg führte auf ein freies Stück Land. Dort stand eine Hütte. Sie war ganz aus Holz erbaut.

Das Wort wusste nun, was zu tun war. In Babels Geschichte klopft das Wort an die Tür. Sie wusste, dass sie dieses Wort war. Wenn Babel die Wahrheit gesprochen hatte, würde ein Mensch in der Hütte ihre Geschichte schreiben. Es war ein seltsamer Gedanke.

Mit weichen Knien schritt sie auf die Hütte zu. Vor der Tür blieb sie stehen. Sie lauschte. Aus dem Inneren war ein Kratzen zu hören. Das Wort atmete tief ein, erhob ihre Hand und klopfte gegen das Holz.

Keine Antwort.

Langsam drückte sie die Tür auf. Der Raum, der vor ihr lag, war schwach beleuchtet. Eine Kerze stand auf dem Tisch. Am Tisch saß ein Mann, den das Wort nur von hinten sehen konnte.

»Hallo«, sagte sie.

Der Mann drehte sich nicht um. Lediglich das Kratzen war zu hören.

»Wenn man schreibt, sollte man die Welt draußen lassen. Bist du so gut und schließt die Tür hinter dir, wenn du reinkommst? Und setz dich. Hier beim Schreibtisch habe ich einen Stuhl für dich.«

Das Wort schloss die Tür. Nach einigen Sekunden gewöhnten sich ihre Augen an das Kerzenlicht, das vollkommen ausreichte, um das Hütteninnere zu erhellen. In den Regalen über dem kurzen Bett standen dicke Bücher. Auf einer Truhe auf der gegenüberliegenden Seite stand ein Schachbrett. Es waren gekonnt aus Zinn gefertigte Figuren, die so zauberhaft aussahen, dass man meinen konnte, sie seien einem Märchen entsprungen. Mit wem er wohl spielen mochte, dachte sie. An den Wänden hingen kleine Zettel, auf denen in unleserlicher Handschrift allerlei Notizen standen.

Das Wort ging zum Schreibtisch. Jetzt sah sie, dass der Mann eine weiße Feder in den Händen hielt. Neben ihm stand ein Tintenfass. Unablässig kratzte er mit der Feder auf einem Blatt Papier. Ihr Blick fiel auf eine Bronzetafel neben dem Tisch, in die deutlich Wörtchen eingraviert waren.

Denn danach suchen wir
doch letzten Endes nur,
die Poesie ins Leben zu verweben,
im Leben selbst die Poesie zu finden.

»Setz dich mir gegenüber, dann kann ich dich sehen, wenn ich schreibe.«

Das Wort nahm auf dem Stuhl auf der anderen Seite des Tisches Platz. Sie konnte den Mann nun deutlich sehen. Das Licht der Kerze fiel auf sein Gesicht. Sein Haar war grau, der Bart fast weiß. Das Gestell der Brille war so filigran, dass sie kaum auffiel. Seine Augen waren noch immer nach unten gerichtet und beobachteten jede Bewegung der Feder.

»Jetzt habe ich dich schon eine ganze Zeit über begleitet und trotzdem traue ich mich nicht, den Blick zu heben, um dich anzuschauen«, sagte er und blickte jetzt doch hoch. Die Feder tanzte noch immer in seiner Hand. Sein Blick ruhte auf dem Gesicht des Wortes.

»Wir sind auf Seite 147 deiner Geschichte. Ich hatte eigentlich genug Zeit, um mir darüber Gedanken zu machen, was ich zu dir sage, würdest du vor mir stehen. Nun ist es so weit, und ich weiß es noch immer nicht.«

Das Wort blickte auf den Stapel Papier auf dem Tisch.

»Ist es wahr? Du hast meine Geschichte geschrieben?«, sagte sie und rührte sich kein Stückchen.

»Ja«, antwortete er und schwieg.

Für einen Moment sagten beide nichts, lauschten dem Kratzen der Feder.

»Ist sie das?«, fragte das Wort und deutete auf den Stapel.

Der Mann nickte.

»Ja, das ist sie«, sagte er, schwieg und fügte, als er merkte, dass das Wort nichts sagen würde, hinzu: »Ich habe mich bemüht, es dir langsam verständlich zu machen. Noch immer erscheint es mir übereilt. Es tut mir leid.«

Das Wort konnte es nicht begreifen. Sie suchte nach den richtigen Fragen.

»Aber warum? Warum das Ganze?«, fragte sie und fühlte sich hilflos dabei.

»Genau deshalb bist du hier. Das Warum. Du weißt mittlerweile viel über deine Welt, aber die Frage bleibt. Warum? Welchen Sinn hast du, was soll diese ganze Geschichte?«

Das Wort nickte.

»Warum?«, fragte sie.

Die Feder in seiner Hand schien langsamer zu werden. Der alte Mann tat sich schwer mit jedem Wörtchen, das er schrieb.

»Es ist nun schon eine ganze Weile her, dass ich deine Welt entdeckte. Es war nicht einmal so sehr eine Welt, es war eher die Idee von ihr. Ich wusste nicht, wie ich weitermachen sollte. Deine Welt war vollgepackt mit Worten. Nichts bewegte sich. Ich ahnte zwar Geschichten, die in ihr steckten, doch sie schienen für mich unerreichbar. Ich brauchte einen Ort unberührt vom Chaos. Einen Ort der Ruhe. Ich erschuf diese Hütte inmitten von brachliegender Sprache. Babel nannte ich das Land um mich herum. Ein Land voller Müll, sinnlos verworfener Worte. Ich schloss die Tür hinter mir und konzentrierte mich ganz auf diesen Ort. Ich wollte die neu entdeckte Welt ordnen, ihre verborgenen Schätze heben, Geschichten entdecken.«

Sie betrachtete das Gesicht des Mannes. Er fixierte jetzt wieder das Blatt Papier. Seine Augen folgten der Feder in seiner Hand. Er schreibt, was er sagt, dachte sie. Das alles ist Teil der Geschichte.

»Ich schuf die Klammern«, sagte er. »Ihre Aufgabe war es, nützliche Worte von unnützen zu trennen.«

»Du wolltest sinnlose Worte loswerden«, unterbrach das Wort ihn.

»Damals wusste ich nicht, welche Worte Sinn und welche keinen Sinn hatten. Ich versuchte nur im Chaos Zusammenhänge zu entdecken. Die Klammern leisteten mir gute Dienste. Immer deutlicher erkannte ich die Umrisse einer Welt, die nichts mit Babel zu tun hatte, einer Welt voller Leben und Bewegung. Es war deine Welt. Die Welt, so wie du sie kennst, die Welt der Sprache. Doch es fehlte noch etwas. Es ist nicht das Gleiche, eine Welt zu erklären und eine Welt zu erleben. Ich musste es schaffen, deine Welt erlebbar zu machen, nur so könnte sie weiterbestehen. Ich brauchte eine Geschichte. Eines Morgens, ich stand hier in diesem Zimmer, betrachtete ich all die Notizen, die ich mir gemacht hatte. Ich setzte mich an meinen Schreibtisch und blickte hinaus auf Babel, auf dieses riesige Reich voller Möglichkeiten. Dort sah ich dich. Ich nahm das erste Blatt und fing an zu schreiben.«

»Du schriebst mich.«

»Ja, ich schrieb über dich und deine Eltern. Du hast dich mit deinem Vater gestritten. Du wolltest nicht glauben, welche Rolle die Menschen für die Worte spielen. Es funktionierte. Genau dich hatte ich gesucht, deine Geschichte wollte ich erzählen. Doch bevor ich dich auf Reisen schicken konnte, musstest du erst einem Menschen begegnen. Durch ihn würdest du vergessen und könntest mit ganz neuen Augen deine Welt entdecken. Und mit jedem Detail, das du neu erfährst, würdest du jemand ganz anderen in deine Welt mitnehmen.«

Das Wort konnte sich nicht erinnern. Sie hatte sich mit ihrem Vater gestritten, dachte sie. Sie hatte Eltern.

»Wie konntest du mir das antun?«

»Es tut mir leid für alles, was du durchmachen musstest.

Ich hoffe, du kannst mir verzeihen, wenn ich zu Ende erzählt habe.«

»Dann erzähl es«, sagte sie.

»Ich musste einen Weg finden, deine Welt am Leben zu erhalten. Um jedes Wort, das ich schrieb, kämpfte ich. Es musste stimmen, genau die Aufgabe erfüllen, die ihm zugedacht war. Man kann eine Geschichte nicht so schreiben, wie man will. Die Geschichte entscheidet selbst. Weicht man von ihr ab, verstrickt man sich in Lügen, die kein Mensch glaubt. Das durfte ich nicht riskieren. Deine Geschichte musste sich echt anfühlen. Denn das ist sie. Würde sie es nicht tun, wäre da niemand außer mir, der dich jemals kennenlernen würde. Die Welt der Sprache würde wieder in Babel versinken, für alle Zeit vergessen.«

Das Wort verstand nicht. »Warum?«

Der Mann richtete seinen Blick auf das Wort.

»Ich zeige es dir. Richte deinen Blick auf die Tinte«, sagte er und deutete auf das Fass, das rechts von der in seiner Hand schreibenden Feder stand.

Das Wort fixierte sie.

»Bist du bereit?«

»Ja.«

»Schaust du noch immer?«, fragte er sie.

Das Wort blickte auf denselben Punkt. Das Tintenfass war verschwunden. Es stand nun auf der anderen Seite des Tisches, links von der noch immer schreibenden Feder.

»Wie hast du das gemacht?«, fragte sie.

Die Feder kratzte.

»Wenn man schreibt, schließt man die Welt aus. Wenn du dich bei geschlossener Tür konzentrierst, kannst du neue Welten erschaffen. Jedes Wort, das du schreibst, fügt dieser Welt ein weiteres Detail hinzu. Schreibst du aber nicht, bleibt die Welt stehen. Nichts regt sich. Nichts spricht. Traurig, nicht wahr?«

»Was hat das mit dem Tintenfass zu tun?«

»In dem kurzen Moment, in dem ich nach ihm griff, meine Feder eintauchte und das Fass dann auf die andere Seite des Tisches stellte, da habe ich nicht geschrieben. Deine Welt blieb stehen, und du hast nichts gemerkt. Wenn ich jetzt meine Feder für immer niederlegte, würdest du aufhören zu existieren und es nicht einmal merken.«

Das Wort zögerte.

»Die ganze Welt kann doch nicht aufhören zu existieren«, sagte sie, aber merkte selbst, wie leer ihre Wörtchen klangen.

»Warum konntest du nicht auf dem direkten Weg zu mir kommen? Wieso konnte ich dir nicht einfach die ganze Welt erklären? Das Geheimnis liegt nicht darin, eine Welt zu entdecken. Das Geheimnis ist, sie am Leben zu erhalten, auch wenn das letzte Wort schon längst geschrieben steht. Wärst du direkt zu mir gekommen, auf direktestem Weg, du stündest auf und marschiertest geradewegs nach Babel, klopftest an die Tür und fragtest: ›Wie ist das noch mal mit der Welt der Sprache?‹ Wer hätte sich die Mühe gemacht, das zu lesen? Wer hätte es geglaubt? Er ist bei uns. Jetzt gerade liest er jede Zeile, und ich bete, dass er bis zum Ende liest.«

Das Wort betrachtete die Feder, die nun sehr behutsam über das Papier strich.

»Wer ist er?«

»Es ist ein Mensch. Für ihn bist du auf die Reise gegangen. Du musstest deine Welt kennenlernen, damit er sie kennenlernen konnte. Nur so konnte sie ihm ans Herz wachsen. Mittlerweile kann er sich deine Welt vorstellen. Er weiß, wie die Schokoladenplätzchen im Buchenwald schmecken und wie es in den Gassen der Stadt Sprachen riecht. Er weiß, wie warm es sich im Gesicht anfühlt, wenn bei den Wortspielen Tausende Kerzen gleichzeitig brennen, und wie es sich anhört, wenn ein kleiner Vogel singt. Würde er zu Ende lesen, könnte er seine Fantasie gebrauchen, neue Bilder erschaffen und die weißen Stellen des Mosaiks ausmalen, die dieses Buch bei ihm hinterlassen hat. Durch ihn könnte, obwohl ich schon lange aufgehört habe, deine Geschichte niederzuschreiben, unsere Welt zu neuem Leben erwachen. Und vielleicht vergisst er unsere Geschichte nicht.«

»Und jetzt?«, fragte das Wort.

»Jetzt können wir nur noch hoffen, dass es reicht.«

Das Wort zögerte. Die Feder in der Hand des Mannes bewegte sich noch langsamer.

»Und wenn es nicht reicht?«, fragte sie zögerlich.

»Dann war alles umsonst.«

Das Wort blickte ihn an.

»War es das?«, fragte sie. »Ist die Geschichte zu Ende?«

»Nein«, antwortete er. »Er wartet noch auf etwas.«

»Auf was?«, fragte sie.

»Ich glaube, er will deinen Namen wissen.«

Das Wort schmunzelte.

»Das will ich auch. Sagst du ihn uns?«

»Selbstverständlich. Aber ich würde es gerne noch etwas spannend machen.«

KAPITEL
ELF

Lesen

Es war Abend. Der Vollmond stand bereits am Himmel und tauchte die Dunkelheit in ein schwach leuchtendes Blau. Die Grillen zirpten. Mitten im Wald auf einer Lichtung standen drei kleine h. Auf einem der h saß ein Esel. Es war schwer zu sagen, ob es noch dieselbe Fliege war, die seinen Schwanz umkreiste. Er schlug ein ums andere Mal nach ihr, verfehlte sie aber stets und ließ es dann bleiben. Verrückt trug einen schwarzen Anzug. Er saß neben dem Esel und sprach zum Wort, das ihnen gegenüber Platz genommen hatte:

»Sie hatten einen Freund, an den Sie sich nicht mehr erinnern. Sein Name war Zeig. Er hatte sich umgestellt. Völlig aufgelöst kam er als Geiz auf unsere Lichtung. Wir boten ihm Tee an, um sich zu beruhigen. Nach und nach erzählte er uns seine Geschichte. Er war auf der Suche nach einem Wort, das von einem Menschen ausgesprochen worden war. Zuvor hatte er ihm zeigen wollen, wie man sich umstellte. Aber es war zu spät. Die Stimmbänder waren schon aufgetaucht. Nur er hatte sich retten können. Er hatte sich umgestellt. Geiz wurde vom Menschen nicht ausgesprochen. Er fragte uns, ob wir Ihnen begegnet seien. Esel und ich verneinten. Wir schickten ihn fort.«

»Warum?«, fragte das Wort.

»Zeig ist nicht das einzige Wort, das sich umstellen kann. Wollen Sie noch immer wissen, wie es geht?«

»Ja«, antwortete sie.

Esel schlug die Augen auf. »Gerne werde ich es Ihnen erklären«, sprach er mit seiner glasklaren Stimme. »Es ist denkbar einfach, aber nicht jedes Wort beherrscht es. Sie können es.«

»Woher weißt du das?«, fragte das Wort den Esel.

»Weil ich lesen kann«, sagte er und musterte sie dabei.

»Wie meinst du das?«

Verrückt griff in seine Tasche und brachte ein rundes Glas zum Vorschein. Das Wort erkannte es wieder. Es war das Monokel, mit dem er ihren Artikel untersucht hatte. Verrückt reichte es dem Esel, der sprach:

»Wenn sich ein Wort umstellt, ändert sich seine Bedeutung. Es sieht anders aus und verhält sich auch anders. Bei Zeig ist die Veränderung offensichtlich. Nachdem er zu Geiz geworden war, konnte er wieder sprechen, er trug einfache Kleidung und lebte in einer kargen Hütte.«

Das Wort konnte sich noch immer nicht erinnern. Zeig, dachte sie, Zeig.

»E, S, E, L. Esel. Aus diesen Buchstaben bin ich gemacht. Die Reihenfolge ist wichtig, denn auch ich kann mich umstellen. Im Gegensatz zu Zeig ist es bei mir weniger auffällig. Ich zeige es Ihnen.«

Das Wort blickte auf den Esel und wartete darauf, dass er sich veränderte, doch es tat sich nichts.

»Das war es«, sagte er und hatte lediglich das Monokel zwischen Fell und Augenbraue geklemmt.

»Die Sehhilfe kann Ihnen eventuell die Vorstellung erleichtern?«

Das Wort wusste nicht, auf was er hinauswollte.

»Es tut mir leid. Ich sehe überhaupt keinen Unterschied«, sagte sie.

»Das tut nichts zur Sache. Ich habe mich trotzdem umgestellt. E, S, E, L. Ich bringe das L nach vorne. *Lese* ist meine zweite Bedeutung. Deswegen das Monokel.«

Endlich begriff sie.

Lese sprach:

»Wenn ich mich umstelle, verändert sich mein Aussehen

kaum. Als Lese sehe ich immer noch aus wie ein Esel, trinke Tee und spiele Teekesselchen, doch eine Sache ändert sich sehr wohl, ich weiß, wie Sie heißen.«

»Du kennst meinen Namen?«

Lese nickte.

»Gestatten Sie es mir, es ein bisschen spannend zu machen?«, fragte er.

Das Wort musste an die Feder denken, die unaufhörlich in der Hütte über das Papier strich. Sie würde es auch jetzt tun. Sie dachte auch an den Menschen, der womöglich gerade dabei war, diese Zeilen zu lesen.

»Mach es spannend«, sagte sie.

Verrückt sprang auf. Er riss das weiße Tuch vom ungedeckten Tisch und breitete es auf der Wiese aus.

»Legen Sie sich auf das Tuch«, sagte Lese, der auf dem h saß und seine Augen schloss.

Als sie sich hinlegte, fing Lese an, leise eine Melodie zu summen. Das Wort kannte das Lied nicht, doch es fühlte sich so an, als lausche sie einem Märchen. Es beflügelte ihre Fantasie. Immer wieder blitzten Bilder von Orten vor ihr auf, an denen sie bereits gewesen war. Sie sah das Kamel auf der Bühne der Wortspiele und die Dünen der Schwarzen Wüste. Sie sah die uralte Weil, wie sie sich in Gedanken versunken durch den Sprachfluss treiben ließ. Gedankenfetzen, die sich mit dem Märchen, das sie hörte, vermischten und sich zu einer ganzen Geschichte formten. Dann sah sie die Dichterin und den Denker. Mit dem Meißel in der Hand stand er vor ihrer Statue. Er hatte sie vollendet. Der zweite Stein war behauen. Er zeigte ein Elternpaar, das sein Kind umarmte. Am Fuß der Statue standen die Wörtchen:

Suchen & Finden.

Das Wort lag auf dem Tuch und lauschte dem Summen des Märchens, das jetzt ganz deutlich zu hören war. Lese öffnete seine Augen. Er musterte das Wort. Die Augen bewegten sich von links nach rechts. In der Schwärze der Nacht, in der nur der Mond und die Sterne hingen, leuchtete das Tuch, auf dem sie lag, weiß wie die Seiten dieses Buches. Das Wort war der Text. Esel hatte sich umgestellt, um die Schrift nachempfinden zu können – die Schrift, aus der das Wort gemacht war und die den Sinn festhielt, an den sie sich nicht mehr erinnern konnte. Lese erhob sich, stand genau über ihr. Verrückt erschien es wie eine Ewigkeit. Er saugte das Schauspiel in sich auf. Dann war Leses Stimme zu hören:

»Ich lese ...«

Es war still. Nichts regte sich. Der alte Mann saß in Babel. Er tauchte seine Feder in das Fass mit Tinte, verharrte kurz und schrieb dann:

»... *Die Suche!*«

Suche, Suche, Suche, erklang es in ihr. Die Suche, hatte Lese gesagt. Bilder tauchten vor ihr auf. Sie sah ihren Vater. Er war Forscher. *Sucher* war sein Name. Sie wusste es wieder. Wir dürfen die Menschen nicht verteufeln, sie lesen und schreiben uns, hatte er behauptet. Sie wollte ihm nicht glauben. Ihre Mutter war dabei. Ihr Name war *Versuchung*, und deshalb liebte der Vater sie so sehr. Das Wort war aus dem Haus gerannt. Ein ganzes Haus in Buchform, hatte sie noch gedacht. Bei Zeig geschah das Unglück. Sie wusste es wieder.

Das Wort stand auf. Lese hatte sich wieder umgestellt. Er hatte das Monokel abgenommen. Nun war es Esel, der zusammen mit Verrückt auf den Stühlen saß. Sie schwiegen, schauten das Wort erwartungsvoll an. Sie setzte sich auf den Rasen, lehnte sich zurück und blickte in den Himmel.

»Esel, warum hast du mir nicht schon viel früher gesagt, wie ich heiße?«

Er schüttelte den Kopf.

»Es war noch nicht an der Zeit.«

»Warum nicht?«

»Ihr Sinn ist die Suche. Hätte ich Ihnen das damals schon gesagt, warum hätten Sie weitersuchen sollen? Sie wären nach Hause zurückgekehrt. Sie hätten nie den eigentlichen Sinn Ihrer Geschichte erfahren. Kein Mensch hätte Sie bis hierher begleitet. Keiner hätte unsere Geschichte bis ganz zum Ende gelesen und durch seine Vorstellungskraft unsere Welt zu neuem Leben erweckt.«

Sie schwiegen eine Weile.

»Und Geiz? Warum habt ihr ihn fortgeschickt?«

»Er hätte Sie aufgehalten«, antwortete der Esel.

Einsam leuchtete der Mond am Himmel wie ein stiller Leser, der jedes Wörtchen ihrer Unterhaltung verfolgte.

»Und jetzt?«, fragte das Wort.
   Verrückt, der bisher still gewesen war, musste grinsen.
   »Ihre Suche ist noch nicht vorbei.«
   »Nein?«, fragte sie.
   »Nein.«
   »Warum?«
   »Na ja, ich weiß nicht, wie es zu Ihnen nach Hause geht.«
   Jetzt musste auch das Wort grinsen. Selbst der störrische Esel verzog seine Miene zu einem Schmunzeln.
   »So schwer kann das ja nicht mehr sein.«

EPILOG

Der alte Mann legte die Feder neben das Tintenfass. Er nahm den Papierstapel und klopfte ihn so lange, bis jedes einzelne Blatt ordentlich auf dem nächsten lag. Dann legte er den Stapel wieder zurück. Er stand auf und ging zur Tür. Noch einmal drehte er sich zum Schreibtisch um und blickte auf die Zettel, die an den Wänden hingen. In diesem Moment erlosch die Kerze, und er wusste, dass es Zeit war, zu gehen. Er öffnete die Tür und verließ den Raum.

Ende

Elias Vorpahl | Autor

Nachwort des Verfassers

Als ich die Geschichte vom ›Wortschatz‹ schrieb, befand ich mich selbst auch auf der Suche. Ich hoffe, Du, verehrte Leserin, verehrter Leser, hast einen Teil jener Faszination verspürt, die mich während des Schreibens in Atem hielt.

Bei der Veröffentlichung dieses Buches war kein Verlag beteiligt. Umso mehr Menschen möchte ich danken, die geholfen haben, aus einer kleinen Geschichte einen Roman werden zu lassen: Annemarie Albrecht von der GGP Media GmbH, die nicht müde wurde, mir immer neue Papiermuster zuzuschicken, bis sich der Gelbton und die Haptik der Seiten genau richtig anfühlten. Bei Lena Stadler, die durch das Coverdesign und ihre Setzarbeiten dem Buch ihre eigene Note verliehen hat. Bei Arina Molchan von der Prosathek, die mir gezeigt hat, dass man eine Welt nicht erklären muss, um sie der Leserschaft begreifbar zu machen. Nicht zuletzt gilt mein Dank Julia Stolba, die mit ihren Illustrationen im wahrsten Sinne des Wortes Wortmalerei betrieben hat.

Wenn Dir, liebe Leserin, lieber Leser, der Wortschatz genauso viel Spaß gemacht hat wie mir, dann freue ich mich, wenn Du ihn weiterempfiehlst. Ich bedanke mich bei Dir für das Vertrauen und die Geduld, die Du einer Geschichte gegenüber aufgebracht hast, in der es doch eigentlich bloß um etwas ganz Kleines geht: um ein ›Wort‹.

Julia Stolba | Illustratorin

Lena Stadler | Designerin

Julia Marie Stolba, geboren 1993, studierte Kunstgeschichte und Bildende Kunst in München und Kassel. Seit 2014 arbeitet sie als freischaffende Künstlerin und Illustratorin. In ihren Werken beschäftigt sie sich mit philosophischen und gesellschaftspolitischen Themen unserer Zeit. In der Malerei, als Schwerpunkt ihres künstlerischen Ausdrucks, arbeitet sie vor allem mit Öl- & Aquarellfarben sowie Kreide, Kohle und Tusche. Ihre Bilder wurden in Einzel- wie Gruppenausstellungen in Deutschland und Österreich gezeigt.
›Der Wortschatz‹ ist ihre erste Illustration eines Romans.

www.juliart.de

Lena Stadler, geboren 1986, studierte Fotografie und Kommunikationsdesign in Halle (Saale) und Paris.
Unter dem Namen ›black to wild‹ hat sie sich – neben ihrer Anstellung in einer Berliner Designagentur – als Illustratorin, Fotografin und Kommunikationsdesignerin selbstständig gemacht. Ihre Vorliebe gilt dem Handwerklichen und haptisch Erfahrbaren. Ihre visuelle Sprache zeugt von einer Liebe zum Detail, Vielfalt der Ausdruckstechniken und Sensibilität dem Wesentlichen gegenüber.
›Der Wortschatz‹ ist der erste von ihr gestaltete Roman.

www.blacktowild.com

EIN WORT STELLT SICH UM

DAS LETZTE WORT
STEHT NOCH NICHT GESCHRIEBEN.

*Schicke uns Deine Geschichte aus der Welt der Sprache
und sorge dafür, dass eine Welt lebendig bleibt:*

WWW.DER-WORTSCHATZ.DE

INHALT

	PROLOG	9
EINS	SPRACHLOSIGKEIT	13
ZWEI	ANFANG & ENDE	25
DREI	EINE VERRÜCKTE TEEPARTY	39
VIER	DER STURZ	57
FÜNF	IM SPRACHFLUSS	69
SECHS	SPRACHEN	81
SIEBEN	WORTSPIELE	93
ACHT	DAS WORT SPIELT MIT	113
NEUN	EIN BEFLÜGELTES WORT	123
ZEHN	BABEL	139
ELF	LESEN	157
	EPILOG	165
	NACHWORT DES VERFASSERS	167